Goldbilanzen

Verordnung vom 28. Dezember 1923

Erläutert von

Dr. August Fürnrohr

Rechtsanwalt in München.

1924

München, Berlin und Leipzig

J. Schweitzer Verlag (Arthur Sellier).

Druck von Dr. F. P. Datterer & Cie., Freising-München

Inhaltsübersicht.

Abkürzungen.

a. a. O.	=	am angeführten Orte.
AG.	=	Aktiengesellschaft.
Bem.	=	Bemerkung.
BGB.	=	Bürgerliches Gesetzbuch.
FGG.	=	Gesetz über die Angelegenheiten der freiwilligen Gerichtsbarkeit.
GenG.	=	Gesetz über die Erwerbs- und Wirtschaftsgenossenschaften.
GM.	=	Goldmark.
GmbHG.	=	Gesetz über die Gesellschaften mit beschränkter Haftung.
HGB.	=	Handelsgesetzbuch.
KAG.	=	Kommanditgesellschaften auf Aktien.
M. N. N.	=	Münchner Neueste Nachrichten.
RGBl. I	=	Reichsgesetzblatt Teil I.
VAG.	=	Versicherungsaufsichtsgesetz.
vgl.	=	vergleiche.
VO.	=	Verordnung.

I. Text der Verordnung über Goldbilanzen.

Vom 28. Dezember 1923.*)

(RGBl. I S. 1253.)

Auf Grund des Ermächtigungsgesetzes vom 8. Dezember 1923 (Reichsgesetzbl. I S. 1179) verordnet die Reichsregierung nach Anhörung der Ausschüsse des Reichsrats und des Reichstags:

§ 1. (1) Kaufleute, die zur Führung von Handelsbüchern verpflichtet sind, haben vom 1. Januar 1924 ab oder, falls das neue Geschäftsjahr mit einem späteren Zeitpunkt beginnt, von diesem Zeitpunkt ab das Inventar und die Bilanz in Goldmark aufzustellen.

(2) Als Goldmark gilt der Gegenwert von $^{10}/_{42}$ des nordamerikanischen Dollars. Die Reichsregierung ist ermächtigt, eine andere Einheit festzusetzen.

§ 2. (1) Spätestens für den 1. Januar 1924 oder, falls das neue Geschäftsjahr mit einem späteren Zeitpunkt beginnt, für diesen Zeitpunkt, sind ein Eröffnungsinventar und eine Eröffnungsbilanz im Sinne des § 39 des Handelsgesetzbuchs in Goldmark herzustellen.

(2) Für die Genehmigung und Veröffentlichung der Eröffnungsbilanz gelten die für die Jahresbilanzen maßgebenden Bestimmungen. Die im § 260 Abs. 2 des Handelsgesetzbuchs bestimmte Frist beträgt, auch soweit im Gesellschaftsvertrag etwas anderes festgesetzt ist, sechs Monate; sie kann durch das Gericht angemessen verlängert werden.

§ 3. Auf die in Goldmark aufzustellenden Inventare und Bilanzen finden, soweit nicht in dieser Verordnung etwas anderes bestimmt ist, die allgemeinen nach dem Gesetz oder der Satzung geltenden Vorschriften Anwendung.

§ 4. (1) Auf die Eröffnungsbilanz einer Aktiengesellschaft oder einer Kommanditgesellschaft auf Aktien finden die Vorschrift des § 261 Nr. 1 des Handelsgesetzbuchs insoweit als sie die Bewer-

*) Veröffentlicht im Deutschen Reichsanzeiger und Preußischen Staatsanzeiger Nr. 296 vom 29. Dezember 1923.

tung von Vermögensgegenständen mit einem höheren Werte als dem Anschaffungs- oder Herstellungspreis untersagt sowie die Vorschriften des § 261 Nr. 2 und 3 des Handelsgesetzbuchs keine Anwendung. Für die Eröffnungsbilanz einer Gesellschaft mit beschränkter Haftung findet die Vorschrift des § 42 Nr. 1 des Gesetzes, betreffend die Gesellschaften mit beschränkter Haftung, keine Anwendung.

(²) Die Vorschriften des Abs. 1 gelten auch für die Eröffnungsbilanz von Unternehmungen, deren Satzung die Anwendung der genannten Bestimmungen vorschreibt.

(³) Übersteigt der in der Eröffnungsbilanz eingestellte Wert der im § 261 Nr. 1, 2 und 3 des Handelsgesetzbuchs sowie im § 42 Nr. 1 des Gesetzes, betreffend die Gesellschaften mit beschränkter Haftung, bezeichneten Gegenstände den Anschaffungs- oder Herstellungspreis, und zwar in den Fällen des § 261 Nr. 3 und des § 42 Nr. 1 vermindert um einen der Abnutzung gleichkommenden Betrag, so ist der Unterschied in der Bilanz gesondert auszuweisen.

(⁴) Für die Jahresbilanzen gelten die in der Eröffnungsbilanz eingesetzten Werte als Anschaffungs- oder Herstellungspreise im Sinne des § 261 Nr. 1, 2 und 3 des Handelsgesetzbuchs und des § 42 Nr. 1 des Gesetzes, betreffend die Gesellschaften mit beschränkter Haftung. Das gleiche gilt für die im § 333 Abs. 2 des Handelsgesetzbuchs vorgesehene Bilanz.

§ 5. (¹) Übersteigt bei Aktiengesellschaften, Kommanditgesellschaften auf Aktien oder Gesellschaften mit beschränkter Haftung das bei der Aufstellung der Eröffnungsbilanz nach Abzug der Schulden sich ergebende Vermögen den Betrag des Grundkapitals oder des Stammkapitals (Eigenkapital), so ist in der Bilanz entweder der Überschuß als Reserve einzustellen oder der Betrag des Eigenkapitals entsprechend heraufzusetzen. Die Maßnahmen können miteinander verbunden werden.

(²) Übersteigt der Betrag des Eigenkapitals das bei der Aufstellung der Eröffnungsbilanz nach Abzug der Schulden sich ergebende Vermögen, so ist entweder der Unterschied als Kapitalentwertungskonto unter die Aktiven einzustellen oder das Vermögen durch neue Einlagen bis zur Höhe des Betrags des Eigenkapitals zu vermehren oder der Betrag des Eigenkapitals entsprechend zu ermäßigen. Die Maßnahmen können miteinander verbunden werden.

§ 6. Das Kapitalentwertungskonto darf nicht höher sein als 9/10 des Betrags des Eigenkapitals. Die Gesellschaft ist verpflichtet, das Kapitalentwertungskonto innerhalb von drei Geschäftsjahren auszugleichen. Zur Tilgung sind der vorhandene Reservefonds sowie die Beträge zu verwenden, die gemäß § 262 des Handelsgesetzbuchs in den Reservefonds einzustellen wären; eine Verteilung von Gewinnen ist unzulässig, solange ein Kapitalentwertungskonto besteht. Die Durchführung des Ausgleichs ist dem Gericht anzuzeigen.

§ 7. Eine nach § 5 vorgenommene Veränderung des Eigenkapitals ist Umstellung im Sinne dieser Verordnung.

§ 8. Das Verhältnis der mit den Aktien und Geschäftsanteilen verbundenen Rechte zueinander wird vorbehaltlich näherer Regelung in den Durchführungsbestimmungen durch die Umstellung nicht berührt.

§ 9. Werden im Falle der Heraufsetzung des Betrags des Eigenkapitals (§ 5 Abs. 1) neue Aktien oder Geschäftsanteile ausgegeben, so sind diese den Gesellschaften auf ihr Verlangen entsprechend ihrem Anteil am Eigenkapital zuzuteilen, es sei denn, daß ein Dritter die Aktien übernommen und sich dabei verpflichtet hat, sie den Aktionären zum Bezug anzubieten. Das gleiche gilt für den Fall einer Kapitalserhöhung, die während des Bestehens des Kapitalentwertungskontos beschlossen worden ist.

§ 10. (1) Nach der Umstellung muß der Betrag des Eigenkapitals einer Aktiengesellschaft oder einer Kommanditgesellschaft auf Aktien mindestens fünftausend Goldmark, der einer Gesellschaft mit beschränkter Haftung mindestens fünfhundert Goldmark betragen.

(2) Bei der Umstellung einer Aktiengesellschaft oder einer Kommanditgesellschaft auf Aktien müssen die Aktien und Interimsscheine auf einen Betrag von mindestens einhundert Goldmark, im Falle des § 180 Abs. 3 des Handelsgesetzbuchs auf einen Betrag von mindestens zwanzig Goldmark gestellt werden. Im Falle des § 180 Abs. 2 des Handelsgesetzbuchs kann ein Mindestbetrag von zwanzig Goldmark zugelassen werden.

(3) Bei der Umstellung einer Gesellschaft mit beschränkter Haftung muß die Stammeinlage jedes Gesellschafters auf mindestens fünfzig Goldmark gestellt werden.

§ 11. Eine Verminderung der Zahl der Aktien oder Geschäftsanteile aus Anlaß der Umstellung einer Aktiengesellschaft, einer Kommanditgesellschaft auf Aktien oder einer Gesellschaft mit beschränkter Haftung ist nur insoweit zulässig, als ohne sie die im

§ 10 für Aktien oder Geschäftsanteile vorgeschriebene Mindestgrenze nicht eingehalten werden könnte.

§ 12. Soweit aus Anlaß der Umstellung einer Aktiengesellschaft, einer Kommanditgesellschaft auf Aktien oder einer Gesellschaft mit beschränkter Haftung Zahlungen an die Gesellschafter zu erfolgen haben, sind ihnen auf Antrag auf den Inhaber lautende Genußscheine in Höhe ihres Zahlungsanspruchs auszuhändigen. Die Genußscheine gewähren kein Stimmrecht, jedoch einen Anspruch auf entsprechende Beteiligung am Reingewinne der Gesellschaft und im Falle der Auflösung der Gesellschaft einen Anspruch in bezug auf das zu verteilende Gesellschaftsvermögen. Die Beteiligung am Reingewinne darf durch Kapitalserhöhungen nicht verkürzt werden. Die Genußscheine können unter Einhaltung einer Kündigungsfrist von drei Monaten von der Gesellschaft frühestens zum Ablauf des dritten auf die Ausstellung folgenden Geschäftsjahrs, von dem Inhaber zum Schlusse eines jeden Geschäftsjahrs gekündigt werden. Die Ausgabe der Genußscheine bedarf nicht der staatlichen Genehmigung.

§ 13. (1) Bei Aktiengesellschaften haben die Mitglieder des Aufsichtsrats die Eröffnungsbilanz und den Hergang der Umstellung zu prüfen. Über die Prüfung ist der Generalversammlung von dem Vorstand und dem Aufsichtsrate schriftlich Bericht zu erstatten. In dem Berichte sind die wesentlichen Umstände darzulegen, die für die Bewertung der im § 261 Nr. 1 bis 3 des Handelsgesetzbuchs bezeichneten Gegenstände maßgebend gewesen sind.

(2) Die Generalversammlung kann mit einfacher Stimmenmehrheit die Bestellung von Revisoren zur Prüfung der Eröffnungsbilanz oder zur Prüfung des Herganges der Umstellung beschließen. Ist in der Generalversammlung ein Antrag auf Bestellung von Revisoren zur Prüfung der Eröffnungsbilanz oder zur Prüfung des Herganges der Umstellung abgelehnt worden, so können auf Antrag von Aktionären, deren Anteile zusammen den zehnten Teil des Grundkapitals erreichen, Revisoren durch das Gericht, in dessen Bezirk die Gesellschaft ihren Sitz hat, ernannt werden. Die Vorschriften des § 266 Abs. 2, Abs. 3 Satz 2, Abs. 4 Satz 1 sowie des § 267 des Handelsgesetzbuches finden Anwendung.

(3) Diese Vorschriften gelten für Kommanditgesellschaften auf Aktien mit der Maßgabe, daß die Berichterstattung (Abs. 1 Satz 2) durch die persönlich haftenden Gesellschafter zu erfolgen hat.

§ 14. (1) Wegen einer Überschuldung, die sich bei der Aufstellung der Eröffnungsbilanz ergibt, die Eröffnung des Konkursverfahrens zu beantragen, ist der Vorstand einer Aktiengesellschaft nicht verpflichtet, solange die Frist für die Umstellung läuft. Das gleiche gilt für die persönlich haftenden Gesellschafter einer Kommanditgesellschaft auf Aktien und für die Geschäftsführer einer Gesellschaft mit beschränkter Haftung.

(2) Während der im Abs. 1 genannten Frist findet die Vorschrift des § 240 Abs. 1 des Handelsgesetzbuchs keine Anwendung.

§ 15. (1) Die Anmeldung des Beschlusses der Generalversammlung über die Umstellung einer Aktiengesellschaft, einer Kommanditgesellschaft auf Aktien oder einer Gesellschaft mit beschränkter Haftung zum Handelsregister hat binnen sechs Monaten nach Abhaltung der Generalversammlung zu erfolgen, in der die Abänderung des Gesellschaftsvertrags beschlossen worden ist. Die oberste Landesbehörde oder die von ihr bestimmte Stelle kann die Frist allgemein oder für einzelne Unternehmungen oder Arten von Unternehmungen verlängern.

(2) Handelt es sich um eine Aktiengesellschaft oder eine Kommanditgesellschaft auf Aktien, so ist bei der Anmeldung der Prüfungsbericht (§ 13 Abs. 1) vorzulegen.

§ 16. Ist die Anmeldung (§ 15) nicht innerhalb der vorgeschriebenen Frist erfolgt oder ist die Einhaltung der im § 10 vorgeschriebenen Mindestgrenzen nicht nachgewiesen oder die im § 6 vorgeschriebene Anzeige unterblieben, so hat das Gericht der Gesellschaft eine angemessene Frist unter der Androhung der Eintragung der Nichtigkeit der Gesellschaft zu bestimmen. Ist innerhalb der Frist die Anmeldung nicht erfolgt oder der Nachweis nicht geführt oder die Anzeige nicht erstattet, so ist die Nichtigkeit der Gesellschaft einzutragen. Die Vorschriften der §§ 142, 143 des Gesetzes über die Angelegenheiten der freiwilligen Gerichtsbarkeit finden entsprechende Anwendung.

§ 17. (1) Bei Neugründungen von Aktiengesellschaften, Kommanditgesellschaften auf Aktien und Gesellschaften mit beschränkter Haftung muß das Eigenkapital auf Goldmark gestellt werden.

(2) Das Grundkapital einer Aktiengesellschaft oder einer Kommanditgesellschaft auf Aktien muß mindestens fünfzigtausend Goldmark betragen. Die Aktien und Interimsscheine müssen auf einen Betrag von mindestens einhundert Goldmark, im Falle des § 180 Abs. 3 des Handelsgesetzbuches auf mindestens zwanzig Goldmark

gestellt werden. Im Falle des § 180 Abs. 2 des Handelsgesetzbuches kann ein Mindestbetrag von zwanzig Goldmark zugelassen werden.

(3) Das Stammkapital einer Gesellschaft mit beschränkter Haftung muß mindestens fünftausend Goldmark, die Stammeinlage jedes Gesellschafters mindestens fünfzig Goldmark betragen. Die Einzahlung auf die Stammeinlage (§ 7 Abs. 2 des Gesetzes, betreffend die Gesellschaften mit beschränkter Haftung) muß mindestens ein Viertel des Betrags der Stammeinlage und mindestens fünfundzwanzig Goldmark betragen.

§ 18. Die im § 10 Abs. 2 und im § 17 Abs. 2 Satz 2 und 3 genannten Beträge treten an die Stelle der im § 180 des Handelsgesetzbuchs vorgesehenen Mindestbeträge.

§ 19. (1) Die infolge der Aufstellung der Eröffnungsbilanz, insbesondere infolge der Umstellung sich ergebenden lediglich zahlenmäßigen Veränderungen in dem Vermögen der im § 1 bezeichneten Kaufleute sowie deren Gesellschafter gegenüber den für die Besteuerung maßgebenden Werten begründen für die Einkommensteuer, Körperschaftssteuer und Vermögenssteuer der vorangegangenen Steuerjahre keine Steuerpflicht. Die infolge der Umstellung sich ergebenden lediglich zahlenmäßigen Veränderungen in dem Vermögen der im § 5 bezeichneten Gesellschaften sowie deren Gesellschafter unterliegen keiner Kapitalverkehrsteuer.

(2) Wird im Falle des § 5 Abs. 2 ein Kapitalentwertungskonto in die Bilanz eingestellt, so dürfen die zu seiner Tilgung verwendeten Beträge vom steuerbaren Einkommen nicht abgezogen werden; § 7 Nr. 3 des Körperschaftssteuergesetzes findet insoweit keine Anwendung.

(3) Wird im Falle des § 5 Abs. 2 das Vermögen durch neue Einlagen bis zur Höhe des Eigenkapitals vermehrt, so findet auf die zur Vermehrung bewirkten Zahlungen und Leistungen die Vergünstigung des § 13 zu b des Kapitalverkehrsteuergesetzes keine Anwendung; das gleiche gilt für Zahlungen und Leistungen, die zur Tilgung des Kapitalentwertungskontos bewirkt werden.

(4) Der Erwerb der im § 12 bezeichneten Genußscheine durch den ersten Erwerber ist von der Gesellschaftsteuer des Kapitalverkehrsteuergesetzes befreit.

§ 20. Die Reichsregierung wird ermächtigt, die zur Durchführung dieser Verordnung erforderlichen Rechtsverordnungen und allgemeinen Verwaltungsvorschriften zu erlassen; sie kann Ausnahmen von den Bestimmungen der Verordnung zulassen und, soweit es sich als notwendig erweisen sollte, für besondere Fälle allgemeine Anordnungen ergänzenden oder abweichenden Inhalts treffen sowie auf der Grundlage der für Aktiengesellschaften, Kommanditgesellschaften auf Aktien und Gesellschaften mit beschränkter Haftung geltenden Bestimmungen die Bilanzierung, Umstellung und Neugründung anderer Arten von Unternehmungen in Goldmark regeln.

Berlin, den 28. Dezember 1923.

Der Reichskanzler
Marx

Der Reichminister der Justiz
Emminger.

II. Erläuterungen.

Verordnung über Goldbilanzen
vom 28. Dezember 1923
(RGBl. I S. 1253).

Auf Grund des Ermächtigungsgesetzes vom 8. Dezember 1923 (Reichsgesetzbl. I S. 1179) verordnet die Reichsregierung nach Anhörung der Ausschüsse des Reichsrats und des Reichstags:

Bem. 1. Rechtsgrundlage der Verordnung. Das Ermächtigungsgesetz vom 8. Dezember 1923, auf Grund dessen die Verordnung erlassen ist, hat folgenden Wortlaut:

„Der Reichstag hat das folgende Gesetz beschlossen, das mit Zustimmung des Reichsrats hiermit verkündet wird:

§ 1.

Die Reichsregierung wird ermächtigt, die Maßnahmen zu treffen, die sie im Hinblick auf die Not von Volk und Reich für erforderlich und dringend erachtet. Eine Abweichung von den Vorschriften der Reichsverfassung ist nicht zulässig. Vor Erlaß der Verordnungen ist ein Ausschuß des Reichsrats und ein Ausschuß des Reichstags von 15 Mitgliedern in vertraulicher Beratung zu hören.

Die erlassenen Verordnungen sind dem Reichstag und dem Reichsrat unverzüglich zur Kenntnis zu bringen. Sie sind aufzuheben, wenn der Reichstag oder der Reichsrat dies verlangt. Im Reichstag sind für das Aufhebungsverlangen zwei Lesungen erforderlich, zwischen denen ein Zeitraum von mindestens drei Tagen liegen muß.

Der im Abs. 1 genannte Ausschuß des Reichstags ist ebenso über Anträge zu Verordnungen auf Grund des Gesetzes vom 13. Oktober 1923 (RGBl. I S. 943) zu hören, soweit der Reichstag dies beschließt.

§ 2.

Dieses Gesetz tritt mit dem Tage der Verkündung in Kraft. Es tritt am 15. Februar 1924 außer Kraft.

Nachdem das Ermächtigungsgesetz ausdrücklich das Erfordernis der vorherigen Anhörung der Ausschüsse des Reichsrates und Reichstages aufgestellt und in § 1 Abs. 2 ein Recht des Reichsrates und des Reichstages auf Wiederaufhebung der auf Grund des Ermächtigungsgesetzes erlassenen Verordnungen geschaffen hat, erscheint es bedenklich, wenn in § 20 der Verordnung die Reichsregierung in weitestgehender Weise zum Erlaß von Rechtsverordnungen usw. ohne vorherige Anhörung der genannten Ausschüsse ermächtigt wird. Damit sind die im Ermächtigungsgesetze geschaffenen Kautelen so gut wie sabotiert. Vgl. hiezu auch Bem. 2 zu § 20.

Bem. 2. Inkrafttreten der Verordnung. Daß es sich bei der Verordnung um eine „Rechtsverordnung" im Sinne des Gesetzes vom 13. Oktober 1923 „über die Verkündung von Rechtsverordnungen" (RGBl. I S. 959) handelt, ist nach ihrem ganzen Inhalt nicht zweifelhaft. Es kommt also das eben genannte Gesetz hier zur Anwendung. Nach dessen § 1 Abs. 1 können Rechtsverordnungen des Reichs im Reichsgesetzblatt oder im Reichsministerialblatte (Zentralblatt für das Deutsche Reich) oder im Deutschen Reichsanzeiger verkündet werden. Und § 2 a. a. O. bestimmt, daß Rechtsverordnungen des Reichs mit dem auf die Verkündung folgenden Tage in Kraft treten, soweit sie nicht selbst anderes bestimmen. Eine besondere Bestimmung über das Inkrafttreten enthält aber die Verordnung vom 28. Dezember 1923 über Goldbilanzen nicht. Deshalb ist sie mit dem Beginn des auf ihre Verkündung folgenden Tage in Kraft getreten. Nun ist die Verordnung aber sowohl im Deutschen Reichsanzeiger (Nr. 296 vom 29. Dezember 1923) wie auch im Reichsgesetzblatt (Nr. 135, ausgegeben am 31. Dezember 1923) veröffentlicht worden, so daß also eine doppelte Verkündung an zwei verschiedenen Tagen vorliegt. Maßgebend kann für den Zeitpunkt des Inkrafttretens bei mehrfacher Verkündung logischerweise nur die früheste Verkündung sein. Diesen Standpunkt scheint denn auch die Reichsregierung zu teilen, da sie bei der späteren Veröffentlichung im Reichsgesetzblatt in einer Fußnote ausdrücklich auf die bereits vorher im Deutschen Reichsanzeiger unterm 29. Dezember 1923 erfolgte Veröffentlichung hinweist. Die Verordnung ist also mit Beginn des 30. Dezember 1923 in Kraft getreten.

§ 1.

(1) Kaufleute, die zur Führung von Handelsbüchern verpflichtet sind, haben vom 1. Januar 1924 ab oder, falls das neue Geschäftsjahr mit einem späteren Zeitpunkt beginnt, von diesem Zeitpunkt ab das Inventar und die Bilanz in Goldmark aufzustellen.

(2) Als Goldmark gilt der Gegenwert von $^{10}/_{42}$ des nordamerikanischen Dollars. Die Reichsregierung ist ermächtigt, eine andere Einheit festzusetzen.

Bem. 1. Persönlicher Geltungsbereich. § 1 gilt nur für Kaufleute, also nicht für Land- und Forstwirte, landwirtschaftliche Pächter, Privatkapitalisten, Hausbesitzer usw. Als **Kaufleute** gelten auch die Handelsgesellschaften (Aktiengesellschaft, Kommanditaktiengesellschaft, GmbH., Genossenschaft, Versicherungsverein a. G., vgl. § 6 HGB., § 17 Abs. 2 GenG., § 16 VAG.), und zwar allein kraft ihrer Rechtsform, also auch dann, wenn sie ein Handelsgewerbe nicht betreiben (vgl. z. B. die vielen Grundstücksgesellschaften m. b. H., die ohne jeden Gewerbebetrieb lediglich ein Miethaus besitzen und verwalten, oder die vielen reinen Beteiligungsgesellschaften, die lediglich Beteiligungen an anderen Gesellschaften besitzen und verwalten).

§ 1 gilt aber nur für den Teil der Kaufleute, der zur Führung von Handelsbüchern verpflichtet ist, das sind alle Vollkaufleute, nicht dagegen die Minderkaufleute (§§ 4, 38 ff. HGB.).

Das tatsächliche Moment der Führung von Handelsbüchern hat für die Frage der Anwendbarkeit des § 1 keine Bedeutung. Er gilt also auch für den Kaufmann, der gesetzwidrig die vorgeschriebene Buchführung unterlassen hat, und er gilt nicht für den Nichtkaufmann (z. B. Landwirt), der freiwillig in seinem Betrieb die Führung von Handelsbüchern eingeführt hat.

Bem. 2. Räumlicher Geltungsbereich. Die Vorschrift gilt für alle in Deutschland aufzustellenden Bilanzen, also auch für die Bilanz der inländischen Zweigniederlassung einer ausländischen Firma. Für eine ausländische Gesellschaft mit Zweigniederlassung im Inland gelten aber selbstverständlich die Umstellungsvorschriften der §§ 5 ff. der VO. nicht, auch wenn ihr Kapital auf deutsche Reichswährung gestellt ist.

Bem. 3. Aufstellung von Inventar und Bilanz in Goldmark. Alle von dem in Bem. 4 bezeichneten Zeitpunkt ab aufzustellenden Inventare (§§ 39, 40 HGB.) und Bilanzen (seien es nun Eröffnungs-, Jahres-, Liquidationseröffnungs- oder sonstige Bilanzen, z. B. Zwischenbilanzen im Sinne des § 240 HGB.) sind in Deutschland fortab nicht mehr in deutscher Reichswährung (so bisher § 40 Abs. 1 HGB.), sondern in Goldmark (vgl. Bem. 5) aufzustellen. Das Inventar ist im Sinne der §§ 39, 40 HGB. die notwendige Grundlage für die Bilanzaufstellung.

Bem. 4. Zeitlicher Geltungsbereich. Die Pflicht zur Inventarisierung und Bilanzierung in Goldmark besteht für die zur Buchführung verpflichteten Kaufleute je nach Lage ihres Geschäftsjahres von verschiedenen Zeitpunkten ab:

a) Ist das Geschäftsjahr mit dem Kalenderjahr gleichlaufend, so besteht die Pflicht vom Beginn des 1. Januar 1924 ab.

b) Weicht das Geschäftsjahr vom Kalenderjahr ab, so besteht die Pflicht vom Beginn des Geschäftsjahres 1924/25 ab.

Für die Frage der Einhaltung der zeitlichen Grenze ist nicht der Zeitpunkt der Aufstellung, Unterzeichnung oder Genehmigung der Bilanz, sondern der Inventar- oder Bilanzstichtag entscheidend. Eine Bilanz auf das Ende eines mit dem Kalenderjahr gleichlaufenden Geschäftsjahres 1923 oder eines vom Kalenderjahr abweichenden Geschäftsjahres 1923/24 darf also — gleichviel, wann die Unterzeichnung oder Genehmigung stattfindet — stets noch in Papiermark aufgestellt werden. Eine andere Frage ist die, ob der Kaufmann nicht vorher freiwillig schon seine Inventare und Bilanzen in Goldmark aufstellen darf. Die Frage ist nicht mit Bestimmtheit zu beantworten, da § 40 Abs. 1 HGB. durch die Verordnung nicht allgemein abgeändert worden ist, das Gebot der Bilanzierung in deutscher Reichswährung also insoweit noch gelten dürfte, als die VO. nicht durch Statutierung der Goldmarkbilanzierungspflicht Gegenteiliges bestimmt. Ist aber vorzeitig eine Goldmarkeröffnungsbilanz aufgestellt (vgl. Bem. 4 zu § 2), dann dürfte von da ab im Sinne der VO. eine Inventarisierung und Bilanzierung in Goldmark nicht nur zulässig, sondern auch notwendig sein. — Klar ist, daß ein bücherführender Nichtkaufmann seine Inventare und Bilanzen von jedem beliebigen Zeitpunkt ab auf Goldmark stellen darf, da für ihn ja § 40 HGB. wie auch diese VO. nicht gilt.

Bem. 5. Goldmark. Das bisherige Gebot der Bilanzierung in deutscher Reichswährung (§ 40 Abs. 1 HGB.) ist für den Bereich der Verordnung ersetzt durch das Gebot der Inventarisierung und Bilanzierung in Goldmark. Dadurch, daß als Goldmark $^{10}/_{42}$ eines nordamerikanischen Dollars bestimmt wurden (maßgebend dürfte üblicherweise der für den betreffenden Bilanzstichtag festgesetzte amtliche Berliner Mittelkurs für Auszahlung Newyork sein), ist für dieses Gebiet eigentlich nunmehr die nordamerikanische Währung (als die auf der ganzen Welt am stabilsten gebliebene) eingeführt. Ob damit eine absolute Stabilität erreicht ist, hängt von dem Schicksal dieser Währung, noch mehr aber von der Berliner amtlichen Devisenfestsetzung ab. Wenn im Gegensatz zum Weltmarktpreis des Dollars wieder in Berlin künstlich niedrig gehaltene Devisenkurse dekretiert werden, dann ist diese künstliche Goldmark auch nichts Stabiles und die Bilanzergebnisse werden trotz der Stellung auf Goldmark wieder infolge der Vergleichung unvergleichbarer Zahlen falsch.

Vorsorglich ist die Festsetzung einer anderen Einheit, d. h. wohl eines anderen Maßstabes für die Goldmark vorbehalten. Dabei ist wohl weniger an ein Sinken des Dollars, als an die spätere Einführung einer neuen deutschen Goldwährung gedacht.

Bem. 6. Buchführung. Die Verordnung schreibt im Gegensatz zur Aufstellung des Inventars und der Bilanz nicht auch die laufende Buchführung in Goldmark vor. Es ist an sich auch durchaus möglich, daß man trotz Schwankens der Papiermark die laufenden Bücher in Papiermark führt, die Bilanz aber nebst Inventar in Goldmark aufstellt. Das Jahresergebnis kann dann in Goldmark eben nur unter Verzicht auf ein Gewinn- und Verlustkonto nach Art der einfachen Buchführung durch Vergleich des Goldmarkreinvermögens vom Ende und vom Anfang des Jahres (mit gewissen hier nicht weiter zu erörternden Korrekturen) ermittelt werden. Aber es ist das eine recht unvollkommene Methode, die dem Kaufmann kaum zusagen wird, zumal auch § 32 der II. Steuernotverordnung vom 19. Dezember 1923 (RGBl. I S. 1205) für Einkommensteuer und Körperschaftssteuer die Vorteile ordnungsgemäßer Buchführung ab 1. Januar 1924 nur bei Führung der Bücher auf wertbeständiger Grundlage (vgl. § 1 der Durchführungsbestimmungen zu Art. IV der II. Steuernotverordnung vom 9. Januar 1924, RGBl. I S. 26) gewährt. Jedenfalls kann solange, als die Goldmark stabil gleich 1 Billion Papiermark bleibt, dem Kaufmann auch bei Fortführung der Bücher in Papiermark (z. B. Bill. Mark) daraus steuerlich niemals ein Nachteil erwachsen, weil auch eine Goldmarkbuchführung keine anderen Ergebnisse zeitigen würde, die stabile Papiermark übrigens ja auch eine „wertbeständige Grundlage" ist. Falls unsere Währung auf die Dauer nicht stabil bleiben sollte, müßte wohl allgemein an die Einführung einer Buchführung auf wertbeständiger Grundlage (vgl. den eben zitierten § 1) herangegangen werden, was allerdings mit erheblichen Umständlichkeiten verknüpft sein wird. — An der Zulässigkeit der fortlaufenden Buchführung in Goldmark ist in keinem Fall zu zweifeln. Für die laufende Buchführung ist auch im Handelsgesetzbuch eine Verwendung der deutschen Reichswährung nicht vorgeschrieben.

§ 2.

(1) Spätestens für den 1. Januar 1924 oder, falls das neue Geschäftsjahr mit einem späteren Zeitpunkt beginnt, für diesen Zeitpunkt, sind ein Eröffnungsinventar und eine Eröffnungsbilanz im Sinne des § 39 des Handelsgesetzbuchs in Goldmark herzustellen.

(2) Für die Genehmigung und Veröffentlichung der Eröffnungsbilanz gelten die für die Jahresbilanzen maßgebenden Bestimmungen. Die im § 260 Abs. 2 des Handelsgesetzbuchs bestimmte Frist beträgt, auch soweit im Gesellschaftsvertrag etwas anderes festgesetzt ist, sechs Monate; sie kann durch das Gericht angemessen verlängert werden.

Bem. 1. Pflicht zur Aufstellung einer Eröffnungsbilanz in Goldmark. Während § 1 nur von einem gewissen Zeitpunkt ab die Stellung der im übrigen erforderlich werdenden Inventare und Bilanzen auf Goldmark anordnet, verlangt § 2 von den Betroffenen (vgl. unten Bem. 3) weiter die Aufstellung einer besonderen Eröffnungsbilanz nebst Inventar in Goldmark, zu der ohne diese Bestimmung eine Pflicht nicht bestünde (da nach § 39 Abs. 1 HGB. eine Eröffnungsbilanz ja nur beim Beginn des Handelsgewerbes aufzustellen ist). Der Grund dafür ist ein doppelter. Einerseits muß für die erste nach § 1 in Goldmark aufzustellende Jahresbilanz zwecks Ermittlung des Jahreserfolges eine mit gleichem Maßstab arbeitende Vergleichsgrundlage geschaffen werden, wie sie die (normalerweise auch gleich zur Büchereröffnung des neuen Jahres benützte) Papiermarkbilanz pro Ende 1923 (bzw. 1923/24) nicht bieten würde. Andererseits soll die Goldmarkeröffnungsbilanz auch die Grundlage für die Umstellung insbesondere jener Unternehmungen auf Goldmark bilden, bei denen eine feste und bisher notwendig in Reichswährung ausgedrückte Eigenkapitalsziffer besteht.

Diese handelsrechtliche Goldmarkinventur und Goldmarkeröffnungsbilanz ist nicht identisch mit der allein für steuerliche Zwecke in Art. I § 34 der 2. Steuernotverordnung vom 19. Dezember 1923 (RGBl. I S. 1205) für den gleichen Personenkreis vorgeschriebenen Vermögensaufstellung samt Eröffnungsbilanz in GM. pro 1. Januar 1924), für die allein die besonderen steuerlichen Bewertungsvorschriften gelten.

Bem. 2. Jahresbilanz 1923 (bzw. 1923/24). Die Pflicht zur Aufstellung einer Goldmarkeröffnungsbilanz für den in Bem. 4 behandelten Zeitpunkt entbindet nicht von der gesetzlichen Pflicht zur Aufstellung und ordnungsmäßigen Unterzeichnung, Genehmigung und Veröffentlichung des Jahresabschlusses 1923 (bzw. 1923/24) in Papiermark. Beide Akte werden aber, insbesondere soweit Gesellschafterversammlungen zuständig sind, zweckmäßig gemeinschaftlich behandelt werden.

Bem. 3. Persönlicher und räumlicher Geltungsbereich. Hierüber ist in § 2 nichts gesagt. Es dürfte zweifelsfrei sein, daß hier das gleiche wie in § 1 zu gelten hat. Vgl. deshalb im einzelnen Bem. 1 und 2 zu § 1.

Bem. 4. Zeitlicher Geltungsbereich. Die Goldmarkeröffnungsbilanz samt Inventar ist spätestens für die im folgenden bezeichneten Stichtage aufzustellen:

a) wenn das Geschäftsjahr mit dem Kalenderjahr gleich läuft, für 1. Januar 1924,

b) wenn das Geschäftsjahr vom Kalenderjahr abweichend läuft, für den Beginn des Geschäftsjahres 1924/25.

Entscheidend für die Frage der Einhaltung der Zeitgrenze ist hier natürlich wiederum nicht der Termin der Aufstellung und Genehmigung bzw. Unterzeichnung dieser Bilanz, sondern der Stichtag, für welchen die Bilanz und das Inventar aufgestellt werden.

Da § 2 die Aufstellung nur spätestens für diesen Termin vorschreibt, ist notwendig daraus zu folgern, daß auch die freiwillige Aufstellung der Eröffnungsbilanz auf einen früheren Termin zulässig ist. — Will sich eine AG., KAG. oder GmbH. mit ihrem Kapital früher als vorgeschrieben auf Goldmark umstellen (vgl. Bem. 5 zu § 5), dann muß sie aber auf jeden Fall gleichzeitig eine Goldmarkeröffnungsbilanz formgerecht feststellen. Denn die Goldmarkeröffnungsbilanz ist eine unerläßliche Voraussetzung für die Kapitalsumstellung auf Goldmark.

Bem. 5. Genehmigung und Veröffentlichung der Goldmarkeröffnungsbilanz. Für die Genehmigung und Veröffentlichung der Goldmarkeröffnungsbilanz (nicht auch des Inventars, das weder ausdrücklich neben der Eröffnungsbilanz genehmigt, noch auch veröffentlicht werden muß) gelten die für die Jahresbilanzen jeweils maßgebenden Bestimmungen. Eine Bilanzveröffentlichung hat bei der AG. und KAG. ausnahmslos, bei der GmbH. jedoch nur dann zu erfolgen, wenn sie Bankgeschäfte betreibt (§ 41 GmbHG.). Für die AG. und KAG. gilt insbesondere auch § 263 HGB., der folgendes besagt:

§ 263 HGB.

Die im § 260 Abs. 2 bezeichneten Vorlagen sind mindestens während der letzten zwei Wochen vor dem Tage der Generalversammlung in dem Geschäftsraume der Gesellschaft zur Einsicht der Aktionäre auszulegen.

Auf Verlangen ist jedem Aktionär spätestens zwei Wochen vor dem Tage der Generalversammlung eine Abschrift der Bilanz, der Gewinn- und Verlustrechnung, der Bemerkungen des Aufsichtsrats und des Geschäftsberichts zu erteilen.

An die Stelle des Tages der Generalversammlung tritt, falls die Ausübung des Stimmrechts von der Hinterlegung der Aktien abhängig ist, der Tag, bis zu dessen Ablauf die Hinterlegung zu geschehen hat.

Da zweckmäßigerweise der Goldmarkeröffnungsbilanzentwurf in den üblichen Geschäftsbericht des abgelaufenen Geschäftsjahres mit aufgenommen werden wird, ergeben sich irgendwelche Weiterungen dadurch nicht.

Bem. 6. Frist für Abhaltung der über die Goldmarkeröffnungsbilanz beschließenden Generalversammlung. Hier ist nur für die AG. und KAG. eine besondere Bestimmung dahin getroffen, daß die in § 260 Abs. 2 HGB. gesetzte Frist für die Vorlage des Bilanzentwurfs an die Generalversammlung (3 Monate ab Bilanzstichtag, durch Gesellschaftsvertrag auf höchstens 6 Monate ab Bilanzstichtag verlängerbar) für alle Fälle — also auch bei entgegenstehender Regelung des Gesellschaftsvertrags — 6 Monate ab Bilanzstichtag beträgt und auch diese Frist durch das Registergericht noch angemessen verlängert werden kann.

Bem. 7. Vertagung der Generalversammlung. Auch für die über die Goldmarkeröffnungsbilanz beratende Generalversammlung einer AG. oder KAG. gilt § 264 HGB., der folgendermaßen lautet:

§ 264 HGB.

Die Verhandlung über die Genehmigung der Bilanz ist zu vertagen, wenn dies in der Generalversammlung mit einfacher Stimmenmehrheit beschlossen oder von einer Minderheit, deren Anteile den zehnten Teil des Grundkapitals erreichen, verlangt wird, auf Verlangen der Minderheit jedoch nur, soweit von ihr bestimmte Ansätze der Bilanz bemängelt werden.

Ist die Verhandlung auf Verlangen der Minderheit vertagt, so kann von dieser eine erneute Vertagung nur gefordert werden, wenn über die in der früheren Verhandlung bemängelten Ansätze der Bilanz die erforderliche Aufklärung nicht erteilt worden ist.

Bem. 8. Anfechtung des Bilanzgenehmigungsbeschlusses. Auch hier ist wie gegen jeden normalen Bilanzgenehmigungsbeschluß die Nichtigkeits- bzw. Anfechtungsklage (vgl. für AG. und KAG. § 271 HGB.) möglich.

Bem. 9. Verletzung der Pflicht zur Aufstellung der Goldmarkeröffnungsbilanz. Da die Goldmarkeröffnungsbilanz Grundlage und Teil der Umstellung ist, führt ihre pflichtwidrige Nichtaufstellung zu dem in § 16 behandelten aufsichtlichen Einschreiten des Registergerichts. Ein solches Einschreiten ist aber nur bei den Kapitalgesellschaften (AG., KAG., GmbH.) vorgesehen, während sich die Umstellung aller übrigen Kaufleute — vorbehaltlich einer noch erfolgenden anderen Regelung — ohne jede Kontrolle durch das Registergericht vollzieht. Es kommen also in diesen Fällen nur die allgemeinen straf-, zivil- und steuerrechtlichen Folgen des pflichtwidrigen Unterlassens ordnungsgemäßer kaufmännischer Buchführung (wozu auch Aufstellung von Inventar und Bilanz gehört) in Betracht.

§ 3.

Auf die in Goldmark aufzustellenden Inventare und Bilanzen finden, soweit nicht in dieser Verordnung etwas anderes bestimmt ist, die allgemeinen nach dem Gesetz oder der Satzung geltenden Vorschriften Anwendung.

§ 4.

(1) Auf die Eröffnungsbilanz einer Aktiengesellschaft oder einer Kommanditgesellschaft auf Aktien finden die Vorschrift des § 261

Nr. 1 des Handelsgesetzbuchs insoweit als sie die Bewertung von Vermögensgegenständen mit einem höheren Werte als dem Anschaffungs- oder Herstellungspreis untersagt sowie die Vorschriften des § 261 Nr. 2 und 3 des Handelsgesetzbuchs keine Anwendung. Für die Eröffnungsbilanz einer Gesellschaft mit beschränkter Haftung findet die Vorschrift des § 42 Nr. 1 des Gesetzes, betreffend die Gesellschaften mit beschränkter Haftung, keine Anwendung.

(²) Die Vorschriften des Abs. 1 gelten auch für die Eröffnungsbilanz von Unternehmungen, deren Satzung die Anwendung der genannten Bestimmungen vorschreibt.

(³) Übersteigt der in der Eröffnungsbilanz eingestellte Wert der im § 261 Nr. 1, 2 und 3 des Handelsgesetzbuchs sowie im § 42 Nr. 1 des Gesetzes, betreffend die Gesellschaften mit beschränkter Haftung, bezeichneten Gegenstände den Anschaffungs- oder Herstellungspreis, und zwar in den Fällen des § 261 Nr. 3 und des § 42 Nr. 1 vermindert um einen der Abnutzung gleichkommenden Betrag, so ist der Unterschied in der Bilanz gesondert auszuweisen.

(⁴) Für die Jahresbilanzen gelten die in der Eröffnungsbilanz eingesetzten Werte als Anschaffungs- oder Herstellungspreise im Sinne des § 261 Nr. 1, 2 und 3 des Handelsgesetzbuchs und des § 42 Nr. 1 des Gesetzes, betreffend die Gesellschaften mit beschränkter Haftung. Das gleiche gilt für die im § 333 Abs. 2 des Handelsgesetzbuchs vorgesehene Bilanz.

Bem. 1. Allgemeines. Die §§ 3 und 4 regeln die Bewertungsfrage für alle nach der VO. in Goldmark aufzustellenden Inventare und Bilanzen folgendermaßen:

a) Soweit in der VO. nicht ausdrücklich anderes bestimmt ist, finden die allgemeinen nach Gesetz oder Satzung geltenden Vorschriften Anwendung.

b) Für die Goldmarkeröffnungsbilanzen (nur für diese, nicht auch die folgenden Goldmarkjahresbilanzen!) der AG., KAG. und GmbH. wird in gewissem Umfang entgegen § 261 HGB. und § 42 GmbHG. eine Ansetzung über dem Anschaffungs- oder Herstellungspreis erlaubt (nicht vorgeschrieben) und zwar auch bei entgegenstehenden Satzungsbestimmungen. Wird von der Erlaubnis Gebrauch gemacht, so muß das in der Goldmarkeröffnungsbilanz ziffermäßig ausdrücklich ausgewiesen werden.

c) Für die folgenden Goldmarkjahresbilanzen gelten die in der Goldmarkeröffnungsbilanz angesetzten Werte als Anschaffungs- oder Herstellungspreise (also als Höchstgrenze für die aktiven und als Mindestgrenze für die passiven Vermögensbestandteile) im Sinne des § 261 Ziff. 1, 2 und 3 HGB. und des § 42 Ziff. 1 GmbHG.

Bem. 2. Bilanzierungs- und Bewertungsgrundsätze.

A. Für den Einzelkaufmann, die offene Handelsgesellschaft, die einfache Kommanditgesellschaft, die Genossenschaft, den Versicherungsverein a. G. gelten sowohl für die Goldmarkeröffnungsbilanz wie die Goldmarkjahresbilanzen folgende gesetzlichen Bestimmungen:

§ 39 HGB.

Jeder Kaufmann hat bei dem Beginn seines Handelsgewerbes seine Grundstücke, seine Forderungen und Schulden, den Betrag seines baren Geldes und seine sonstigen Vermögensgegenstände genau zu verzeichnen, dabei den Wert der einzelnen Vermögensgegenstände anzugeben und einen das Verhältnis des Vermögens und der Schulden darstellenden Abschluß zu machen.

Er hat demnächst für den Schluß eines jeden Geschäftsjahrs ein solches Inventar und eine solche Bilanz anzustellen; die Dauer des Geschäftsjahrs darf zwölf Monate nicht überschreiten. Die Aufstellung des Inventars und der Bilanz ist innerhalb der einem ordnungsmäßigen Geschäftsgang entsprechenden Zeit zu bewirken.

Hat der Kaufmann ein Warenlager, bei dem nach der Beschaffenheit des Geschäfts die Aufnahme des Inventars nicht füglich in jedem Jahre geschehen kann, so genügt es, wenn sie alle zwei Jahre erfolgt. Die Verpflichtung zur jährlichen Aufstellung der Bilanz wird hierdurch nicht berührt.

§ 40 HGB.

Die Bilanz ist in Goldmark*) aufzustellen.

Bei der Aufstellung des Inventars und der Bilanz sind sämtliche. Vermögensgegenstände und Schulden nach dem Werte anzusetzen, der ihnen in dem Zeitpunkte beizulegen ist, für welchen die Aufstellung stattfindet.

Zweifelhafte Forderungen sind nach ihrem wahrscheinlichen Werte anzusetzen, uneinbringliche Forderungen abzuschreiben.

§ 41 HGB.

Das Inventar und die Bilanz sind von dem Kaufmanne zu unterzeichnen. Sind mehrere persönlich haftende Gesellschafter vorhanden, so haben sie alle zu unterzeichnen.

Das Inventar und die Bilanz können in ein dazu bestimmtes Buch eingeschrieben oder jedesmal besonders aufgestellt werden. Im letzteren Falle sind sie zu sammeln und in zusammenhängender Reihenfolge geordnet aufzubewahren.

Zum Bewertungsproblem ist folgendes zu sagen: § 40 Abs. 2 HGB. scheint, zumal wenn man ihn mit § 271 Ziff. 1 bis 3 HGB. und § 42 Ziff. 1 GmbHG. vergleicht, für die nicht unter die beiden eben erwähnten Sondervorschriften fallenden Kaufleute ganz allgemein für alle Vermögensgegenstände den Ansatz des wirklichen Wertes vom Bilanzstichtage ohne Rücksicht auf einen etwaigen niedrigeren effektiven Anschaffungs- oder Herstellungspreis vorzuschreiben. Auf die endlosen wissenschaftlichen Kämpfe um dieses Problem ist hier um so

*) Der Gesetzeswortlaut, der hier das Wort „Reichswährung" enthält, ist für das Anwendungsgebiet der VO. als abgeändert zu unterstellen.

weniger einzugehen, als es von der gesamten kaufmännischen Praxis, die auch von der steuerlichen Rechtsprechung und Gesetzgebung anerkannt ist, dahin gelöst wurde, daß in den Eröffnungs- und Jahresbilanzen unter allen Umständen der bezahlte Anschaffungs- oder Herstellungspreis die Höchstgrenze für den Wertansatz zu bilden hat. Die für die AG. gesetzlich vorgeschriebenen Bewertungsgrenzen werden praktisch also von allen Kaufleuten jeder Rechtsform als verbindlich anerkannt. (Dabei ist stets festzuhalten, daß die handelsgesetzlichen Bewertungsregeln im öffentlichen Interesse den Gläubiger schützen, also eine unsolide Schwindelbilanzierung verhindern sollen und deshalb nur Maximalvorschriften hinsichtlich der echten Aktiva und Minimalvorschriften hinsichtlich der Verbindlichkeiten darstellen. Es kann sonach zwar jeder Gesellschaftsvertrag gültig von den gesetzlichen Bewertungsregeln abweichende Vorschriften, solche aber nur im Sinne einer verstärkten Solidität treffen, d. h. eine niedrigere als die gesetzliche Bewertung der echten Aktiva und eine höhere als die gesetzliche Bewertung der Verbindlichkeiten vorschreiben.) — Die Tatsache nun, daß die VO. in § 4 für die AG., KAG. und GmbH. das Verbot der Überschreitung des Anschaffungs- oder Herstellungspreises für die Goldmarkeröffnungsbilanz aufhebt, kann in ihrer Bedeutung für die hier zu behandelnden übrigen Arten von Kaufleuten verschieden aufgefaßt werden. Entweder man argumentiert folgendermaßen: Da für die übrigen Kaufleute gesetzlich nirgends ein dem § 271 Ziff. 1 bis 3 HGB. bzw. § 42 Ziff. 1 GmbHG. entsprechendes Verbot der Überschreitung des Anschaffungspreises ausgesprochen ist, brauchte im Gegensatz zu den Kapitalgesellschaften ein solches Verbot auch nicht aufgehoben zu werden, ja konnte gar nicht aufgehoben werden. Es besteht also der ohnedies gegebene Rechtszustand des § 40 Abs. 2 HGB. auch für die Goldmarkeröffnungsbilanz; darnach ist ohne Rücksicht auf den etwa geringeren Goldmarkanschaffungspreis der wirkliche Goldmarkwert vom Eröffnungsbilanzstichtag anzusetzen. Oder man argumentiert folgendermaßen: Bei den Kaufleuten, die nicht wie die Kapitalgesellschaften einen statutengemäß festgesetzten Kapitalnennbetrag haben, ist ein gleicher Anlaß für die Ermöglichung einer Erhöhung der üblichen Wertansätze wie bei den Kapitalgesellschaften nicht gegeben. Es hat deshalb mangels abweichender Vorschriften bei der normalen Bewertung auch gelegentlich der Goldmarkeröffnungsbilanz zu bleiben. Diese normalen kaufmännischen Bewertungs- und Bilanzierungsgrundsätze aber erachten einen höheren Ansatz als den effektiven Anschaffungs- oder Herstellungspreis für unzulässig. In die Goldmarkeröffnungsbilanz der anderen Kaufleute als der Kapitalgesellschaften ist deshalb durchwegs maximal der in Goldmark umgerechnete effektiv aufgewendete Anschaffungs- oder Herstellungspreis einzusetzen. — Beide Argumentierungen haben manches für sich, die zweite insbesondere führt zur solideren Bewertung. Mein Standpunkt ist (für die Eröffnungsbilanzen aller Arten von Kaufleuten) folgender: Grundsätzlich ist bei allen Goldmarkeröffnungsinventaren und Goldmarkeröffnungsbilanzen von dem nach dem Bezahlungstag in Goldmark umgerechneten nötigenfalls geschätzten (vgl. die zu diesem Zweck im Anhang beigefügte Goldmarktabelle) effektiv aufgewendeten Anschaffungspreis auszugehen. Eine (nur von den Kapitalgesellschaften, nicht auch von den übrigen Kaufleuten, in der Goldmarkeröffnungsbilanz auszuweisende) Überschreitung dieser Werte ist nur dann vorzunehmen, wenn erstens die Umstellungssituation eine Höherdarstellung des Goldmarkreinvermögens im Interesse von Gesellschaft und Gesellschaftern erwünscht erscheinen läßt und wenn und soweit zweitens besondere Umstände vorliegen, welche den errechneten Goldmarkanschaffungspreis als zu niedrig erscheinen lassen (z. B. eine Fabrik wurde durch einen glücklichen Zufall in einem Konkursverfahren weit unter dem normalerweise dafür anzulegenden Preis erworben, oder der Anschaffungspreis für eine in den letzten Jahren gekaufte Maschine ist nach dem Zahlungszeitpunkt in Goldmark umgerechnet nur ein kleiner Bruchteil des normalen Goldmarkanschaffungspreises, weil bei dem Geschäft durch Hinauszögerung der Bezahlung oder Kauf gegen Akzept ein erheblicher Kreditgewinn erzielt wurde). In solchen Fällen scheint mir eine angemessene Erhöhung des effektiv bezahlten Goldmarkanschaffungspreises für alle Arten von Kaufleuten sowohl rechtlich zulässig, als auch vom Standpunkt der Solidität einwandfrei. Nur solche Korrekturen erscheinen mir auch im Interesse einer möglichst wahrheitsgemäßen Darstellung der Vermögenslage das Ziel dieser Regelung der VO., nicht dagegen eine Ausweisung fiktiver Goldvermögen durch Ansetzung der bei Auseinanderreißung des Unternehmens etwa erzielbaren Einzelerlöse. Selbstverständlich ist größte Sparsamkeit bei Anwendung dieser Aufwertung und gewissenhafteste Prüfung des soliderweise zu verantwortenden Maßes der Aufwertung Pflicht jedes Kaufmannes. Oberste Grenze für die Aufwertung ist auf jeden Fall der gemeine Wert, den der einzelne Gegenstand im Rahmen und als Teil des Gesamtunternehmens hat. Der bei stückweiser Veräußerung für den einzelnen Vermögensbestandteil erzielbare Verkaufspreis darf auch bei anderer als der üblichen Auslegung des § 40 HGB. nie angesetzt werden.

B. Für die Aktiengesellschaft, Kommanditaktiengesellschaft und Gesellschaft m. b. H. sind als allgemeine Grundlage ebenfalls die unter A wiedergegebenen Bestimmungen anwendbar. Sie sind jedoch moderiert durch § 261 HGB.*) und § 42

*) § 261 HGB. lautet:

„Für die Aufstellung der Bilanz kommen die Vorschriften des § 40 des Handelsgesetzbuches mit folgenden Maßgaben zur Anwendung:

1. Wertpapiere und Waren, die einen Börsen- oder Marktpreis haben, dürfen höchstens zu dem Börsen- oder Marktpreise des Zeitpunktes, für welchen die Bilanz aufgestellt wird, sofern dieser Preis jedoch den Anschaffungs- oder Herstellungspreis übersteigt, höchstens zu dem letzteren angesetzt werden;
2. andere Vermögensgegenstände sind höchstens zu dem Anschaffungs- oder Herstellungspreis anzusetzen;
3. Anlagen und sonstige Gegenstände, die nicht zur Weiterveräußerung, vielmehr dauernd zum Geschäftsbetriebe der Gesellschaft bestimmt sind, dürfen ohne Rücksicht auf einen geringeren Wert zu dem Anschaffungs- oder Herstellungspreis angesetzt werden, sofern ein der Abnutzung gleichkommender Betrag in Abzug gebracht oder ein ihr entsprechender Erneuerungsfonds in Ansatz gebracht wird;

GmbHG.*) und zwar ergibt sich hier eine wichtige Unterscheidung zwischen der Goldmark**eröffnungs**bilanz und den folgenden Goldmark**jahres**bilanzen.

a) **Goldmarkeröffnungsbilanz.** Während § 40 HGB. den **Zeitwert** ohne Rücksicht auf den etwa geringeren tatsächlichen Anschaffungs- oder Herstellungspreis (als Höchstgrenze) vorschreibt, verbietet für die Bilanzen der AG. und KAG. allgemein der § 261 **Ziff. 1 bis 3** HGB. und für die Bilanzen der GmbH. der § 42 Ziff. 1 GmbHG. für die Gebrauchsgegenstände eine solche Überschreitung des Anschaffungs- oder Herstellungspreises. Dieses Verbot ist hier für die Goldmarkeröffnungsbilanz beseitigt. Es können also die (bei Gebrauchsgegenständen um die Abnutzung verminderten) Goldmarkanschaffungspreise bis zum Goldmarkzeitwerte erhöht werden, doch muß zutreffendenfalls dieser Erhöhungsbetrag in der **Eröffnungsbilanz** (nicht mehr in den folgenden Goldmarkjahresbilanzen!) gesondert ausgewiesen werden. Wegen der für die Erhöhung anzuwendenden Grundsätze vgl. die Ausführungen unter A.

b) **Goldmarkjahresbilanz.** Für diese gelten fortab die in der Goldmarkeröffnungsbilanz angesetzten Werte als Anschaffungs- oder Herstellungspreise im Sinne des § 261 HGB. und § 42 GmbHG. Das Verbot der Überschreitung dieser Höchstgrenzen gilt fortab wieder unverändert wie bisher.

---

4. die Kosten der Errichtung und Verwaltung dürfen nicht als Aktiva in die Bilanz eingesetzt werden;
5. der Betrag des Grundkapitals und der Betrag eines jeden Reserve- und Erneuerungsfonds sind unter die Passiva aufzunehmen;
6. der aus der Vergleichung sämtlicher Aktiva und sämtlicher Passiva sich ergebende Gewinn oder Verlust muß am Schlusse der Bilanz besonders angegeben werden."

*) § 42 GmbHG. lautet:

„Für die Aufstellung der Bilanz kommen die Vorschriften des § 40 des Handelsgesetzbuches mit folgenden Maßgaben zur Anwendung:

1. Anlagen und sonstige Vermögensgegenstände, welche nicht zur Weiterveräußerung, sondern dauernd zum Betriebe des Unternehmens bestimmt sind, dürfen höchstens zu dem Anschaffungs- oder Herstellungspreise angesetzt werden; sie können ohne Rücksicht auf einen geringeren Wert zu diesem Preise angesetzt werden, sofern ein der Abnutzung gleichkommender Betrag in Abzug oder ein derselben entsprechender Erneuerungsfonds in Ansatz gebracht wird;
2. die Kosten der Organisation und Verwaltung dürfen nicht als Aktiva in die Bilanz eingesetzt werden;
3. das Recht der Gesellschaft zur Einziehung von Nachschüssen der Gesellschafter ist als Aktivum in die Bilanz nur insoweit einzustellen, als die Einziehung bereits beschlossen ist und den Gesellschaftern ein Recht, durch Verweisung auf den Geschäftsanteil sich von der Zahlung der Nachschüsse zu befreien, nicht zusteht; den in die Aktiva der Bilanz aufgenommenen Nachschußansprüchen muß ein gleicher Kapitalbetrag in den Passiven gegenübergestellt werden;
4. der Betrag des im Gesellschaftsvertrage bestimmten Stammkapitals ist unter die Passiva aufzunehmen. Das gleiche gilt von dem Betrage eines jeden Reserve- und Erneuerungsfonds, sowie von

Zu den von der VO. nicht erwähnten Ziff. 4 bis 6 des § 261 HGB. und 2 bis 5 des § 42 GmbHG. ist folgendes zu sagen:

1. Das Verbot der Aktivierung der Kosten der Errichtung und Verwaltung gilt auch für alle Goldmarkbilanzen.
2. Das Gebot der Aufnahme des Betrages des Grund- bzw. Stammkapitals unter die Passiven gilt ebenfalls für alle Goldmarkbilanzen (vgl. darüber auch noch Bem. 4). Das Gebot der Aufnahme der Reserve- und Erneuerungsfonds unter die Passiven gilt hinsichtlich der bisher gebildeten und in Reichsmark geführten Reserven nicht (vgl. unten Bem. 5). Alle bisherigen Reserven verschwinden in der Goldmarkeröffnungsbilanz. Erst hinsichtlich der in der Goldmarkeröffnungsbilanz etwa neu gebildeten (§ 5 Abs. 1 VO.) oder später entstehenden Goldmarkreserven gilt dann wieder das Gebot ihrer Aufnahme unter die Passiven der Goldmarkbilanz.
3. Das Gebot der besonderen Angabe des Gewinnes oder Verlustes am Schlusse der Bilanz gilt selbstverständlich nicht für die Goldmarkeröffnungsbilanz (wie überhaupt nie für eine Eröffnungsbilanz), weil die Eröffnungsbilanz nur den Vermögensbestand zum (tatsächlichen oder hier fingierten) Betriebsbeginn wiedergibt und deshalb einen Gewinn oder Verlust, also einen Erfolg, nicht darstellen kann. Für die anschließenden Goldmarkjahresbilanzen gilt die Vorschrift dann natürlich wieder uneingeschränkt.
4. Die Vorschriften des § 42 Ziff. 3 und 4 hinsichtlich der Bilanzierung der Nachschüsse bzw. Nachschußansprüche gelten für alle Goldmarkbilanzen; sie sind jedoch natürlich beiderseits mit ihrem Goldmarkwerte anzusetzen.

Bem. 3. Schuldenbewertung. Hier wird die bevorstehende reichsgesetzliche Regelung der Aufwertungsfrage erst Klarheit bringen müssen. Bis zu dieser Klärung ist jede Schuld m. E. mindestens aber auch höchstens mit ihrem Goldmarkanschaffungswert einzusetzen, also z. B. eine bei einem Werte der Goldmark von 100 Papiermark aufgenommene Darlehensschuld zu 100 000 Mark mit 1000 Goldmark. — Das Gesetz über die Bilanzierung wertbeständiger Schulden vom 17. Dezember 1923 (RGBl. I S. 1233) setzt eine Bilanzierung in Reichswährung voraus, kommt deshalb für die nicht auf Reichswährung gestellten Goldmarkbilanzen nicht mehr in Betracht. — Die für die Schuldenbewertung angeführten Grundsätze kommen selbstverständlich auch für den Ansatz von Obligationen und Genußscheinen in den Bilanzen der Aktiengesellschaften zur Anwendung. Zu den in der Eröffnungsbilanz zu berücksichtigenden Schulden gehören auch die Dividende, Tantiemen und Gratifikationen, die auf Grund der auf den gleichen Zeitpunkt aufgestellten letzten Papiermarkbilanz zu zahlen sind.

---

dem Gesamtbetrage der eingezahlten Nachschüsse, soweit nicht die Verwendung eine Abschreibung der betreffenden Passivposten begründet;

5. der aus der Vergleichung sämtlicher Aktiva und Passiva sich ergebende Gewinn oder Verlust muß am Schlusse der Bilanz besonders angegeben werden."

Bem. 4. Grund- oder Stammkapital (von der Verordnung einheitlich „Eigenkapital" benannt). Dieses ist in der Goldmarkeröffnungsbilanz mit seiner vollen satzungsgemäßen Zahl einzusetzen. Bringt die Umstellung eine Erhöhung oder Ermäßigung des Eigenkapitals, so kann dieser Vorgang nicht in der Goldmarkeröffnungsbilanz, sondern erst in der nächsten darauffolgenden Goldmarkjahresbilanz erscheinen. — Ist das Eigenkapital am maßgebenden Stichtag nicht voll einbezahlt, so erscheint gleichwohl die volle statutengemäße Eigenkapitalsziffer unter den Passiven der Eröffnungsbilanz, während der Betrag der ausstehenden Einzahlungen mit seinem vollen Betrag (ohne eine Umrechnung!) in die Aktiven eingestellt wird. Vgl. hiezu weiter Bem. 3 Buchstabe b zu § 5.

Bem. 5. Reservekonten. Sämtliche bisher unter der Geltung der Reichswährung für die Bilanz errichteten Reserven verschwinden ohne Rücksicht auf ihre Benennung in der Goldmarkeröffnungsbilanz. (Das ergibt sich zwingend aus § 5 VO., der in der Eröffnungsbilanz stets nur den Betrag des Grund- oder Stammkapitals mit dem um die Schulden verringerten Vermögen [d. h. dem Goldmarkreinvermögen] vergleicht, um so den Mehr- oder Minderbetrag des Goldmarkreinvermögens zu ermitteln, der das Objekt der Umstellung bildet. Bei diesem Vergleich haben die bisher gebildeten, ein auf Grund von Mark verschiedenster Güte fiktiv berechnetes Überschußvermögen anzeigenden gesetzlichen oder freiwilligen Reserven keinen Platz.) Als einzige Goldmarkreserve in der Eröffnungsbilanz ist möglich die nach § 5 Abs. 1 der VO. aus dem Goldmarkreinvermögensüberschuß (über die Eigenkapitalsziffer) neu zu bildende Reserve. Soll dieser Überschuß ganz oder teilweise nicht zur Bildung dieser Reserve, sondern zur Erhöhung des Eigenkapitals verwendet werden, so kann diese Transaktion nicht schon in der (doch auf einen zurückliegenden Zeitpunkt aufzustellenden) Goldmarkeröffnungsbilanz als durchgeführt behandelt werden. In diesem Fall ist dieser Überschuß in der Eröffnungsbilanz einfach als Saldo am Schluß der Passivseite einzusetzen.

Bem. 6. Einlage des stillen Gesellschafters. Hier ist die Lösung der Bewertungsfrage (sei es beim Geschäftsinhaber als Passivum, sei es beim stillen Gesellschafter als Aktivum) besonders schwierig, weil stille Gesellschaft und Darlehen vielfach kaum von einander zu scheiden sind. Soweit Darlehenscharakter gegeben ist, gilt das oben in Bem. 3 Ausgeführte, im übrigen dürften die in Bem. 7 Buchstabe b gemachten Ausführungen entsprechend anzuwenden sein.

Bem. 7. Kapitalkonten bei Einzelkaufleuten, offenen Handelsgesellschaften und einfachen Kommanditgesellschaften.

a) Beim Einzelkaufmann stellt sich das Kapitalkonto einfach als der Überschuß der in Goldmark umgerechneten Aktiven über die in Goldmark umgerechneten Verbindlichkeiten dar. Bei Überschuß der Passiven über die Aktiven wird das Kapitalkonto natürlich negativ und erscheint auf der Aktivseite.

b) Bei offenen Handelsgesellschaften ist der Überschuß der Goldmarkaktiven über die Goldmarkverbindlichkeiten gleich der Summe der Kapitalkonten sämtlicher Gesellschafter. Schwierigkeiten ergeben sich nun aber bei der Austeilung dieser Summe unter die einzelnen Gesellschafter im Hinblick auf den Stand der einzelnen Kapitalkonten. Die Lösung ist aus den Bestimmungen des Gesellschaftsvertrages bzw. des Handelsgesetzbuchs zu suchen.

Zwei Wege erscheinen mir praktisch gangbar. Dabei ist stets davon auszugehen, daß hier ein einer Liquidation mit sofort anschließender Neugründung gleichzustellender Vorgang gegeben ist.

1. Man teilt die in der letzten Papiermarkbilanz etwa stehenden Reserven nach dem Gewinnanteilsverhältnis unter die einzelnen Kapitalkonten auf und reduziert dann sämtliche so erhaltene Papiermarkkonten durch Division mit dem am Goldmarkeröffnungsbilanzstichtag für 1 GM. geltenden Papiermarkmultiplikator (am 31. Dezember 1923 bzw. 1. Januar 1924: 1 Billion) auf Goldmark. Die so sich ergebenden Kapitalkontenbeträge werden addiert und ihre Summe von dem in der Eröffnungsbilanz auszuweisenden Betrag des gesamten Goldmarkreinvermögens abgezogen. Der (stets) sich ergebende Überschuß des Goldmarkreinvermögens über die vorher berechneten Kapitalkontenbeträge wird als Gewinn behandelt, also nach dem geltenden Gewinnanteilsverhältnis ausgeteilt und den einzelnen vorher berechneten Kapitalkontenbeträgen zugezählt. Die so erhaltenen Beträge stellen die in der Eröffnungsbilanz erscheinenden Goldmarkkapitalkonten der einzelnen Gesellschafter dar und sind in ihrem Gesamtbetrag gleich dem Überschuß der Goldmarkaktiven über die Goldmarkpassiven der Eröffnungsbilanz.

Beispiel: A ist mit 70%, B mit 30% am Gewinn und Verlust beteiligt. In der letzten Papiermarkbilanz finden sich echte Reserven im Gesamtbetrage von 2000 Billionen Mark. Die Kapitalkonten betragen: A 12000 Billionen Mark, B 4000 Billionen Mark. Das Goldmarkreinvermögen der Eröffnungsbilanz beträgt insgesamt 200000 GM. — Die Reserven werden zunächst mit 70% (= 1400 Bill. Mk.) dem Kapitalkonto des A, das damit 13400 Bill. Mk. beträgt, und mit 30% dem Kapitalkonto des B, das damit 4600 Bill. Mk. beträgt, zugeteilt. Am maßgebenden Bilanzstichtag ist die Goldmark = 1 Bill. Mk., die vorläufig reduzierten Kapitalkonten betragen also: A 13400 GM. und B 4600 GM., die Summe beträgt 18000 GM. Das Goldmarkreinvermögen beträgt 200000 GM., Differenz also 182000 GM., die mit 70% (= 127400 GM.) dem A und mit 30% (= 54600 GM.) dem B zuzuteilen ist. Für die Eröffnungsbilanz betragen sonach die Kapitalkonten: A 13400 + 127400 = 140800 GM., B 4600 + 54600 = 59200 GM.

Dieser Weg kann zu einem angemessenen Ergebnis führen, wird es aber stets dann nicht tun, wenn die einzelnen Gesellschafter zu verschiedenen Zeiten in die Gesellschaft eingetreten sind, zumal wenn dies während der Inflationsjahre geschehen ist, oder wenn die Bewegungen auf den einzelnen Kapitalkonten wesentlich verschieden verlaufen sind.

2. Gerechter, wenn freilich auch mühsamer ist der Weg, die einzelnen Kapitalkonten möglichst weit zurück in Goldmark umzurechnen und zwar so, daß entweder die beim Eintritt geleistete Einlage oder der Kapitalkontostand von einem späteren Zeitpunkt einheitlich als Grundlage genommen wird und ihm alle Gutschriften (nach dem Goldmarkwert des Gutschrifttages umgerechnet) in Goldmark zugezählt, alle Belastungen aber (wieder ebenso in Goldmark umgerechnet) in Goldmark

von ihm abgezogen werden. Da das Privatkonto meistens die Belastungen das ganze Jahr über sammelt, der Saldo des Privatkontos also wiederum einen der Zahl nach unrichtigen Mischwert darstellt, wird am besten nicht die jährliche Belastung mit dem Saldo des Privatkontos (umgerechnet nach dem Goldmarkkurs des Bilanzstichtages), sondern jede einzelne Belastung mit dem an dem betreffenden Tage geltenden Goldmarkkurs umgerechnet. Auf diese Weise ergeben sich dann Goldmarkkapitalkonten, bei denen nach Möglichkeit die Ziffernverfälschungen der Inflationszeit vermieden werden. Die so erhaltenen Kapitalkonten werden addiert und die Summe wird dem Goldmarkreinvermögen der Eröffnungsbilanz gegenüber gestellt; je nachdem dieses Reinvermögen größer oder kleiner als die Summe jener Kapitalkonten ist, wird der Differenzbetrag als Gewinn oder Verlust behandelt und anteilig auf die zuerst berechneten Kapitalkonten verteilt.

Beispiel: A und B betreiben seit 1910 zusammen eine offene Handelsgesellschaft, an der beide mit je 50% an Gewinn und Verlust beteiligt waren, bis zu Beginn des Jahres 1921 als dritter Gesellschafter C eintrat, der eine Einlage von (nach dem Einlagetag in GM. umgerechnet) 20000 GM. machte; von Beginn 1921 ab sind A und B zu je 40%, C zu 20 % an Gewinn und Verlust beteiligt. Am 1. Januar 1919 betrug das Kapitalkonto von A 62000 Mk., jenes von B 72000 Mk. Das Goldmarkreinvermögen in der Eröffnungsbilanz pro 1. Januar 1924 beträgt 200000 GM. Wenn nun die Gut- und Lastschriften bei A und B vom 1. Januar 1919 ab ihrem Kapitalkontenstand vom 1. Januar 1919 zu- bzw. abgesetzt werden und das gleiche bei C mit Wirkung vom 1. Januar 1921 ab geschieht, ergibt sich als Restresultat bei A ein Betrag von 58000 GM., bei B ein Betrag von 52000 GM. und bei C ein Betrag von 22000 GM. Die Summe dieser Beträge ist 132000 GM., so daß also ein „Gewinn" von 68000 GM. anteilig unter die Gesellschafter aufzuteilen ist. Es erhalten davon A und B je 40% = je 27200 GM., 13600 GM., so daß sich die Kapitalkonten in der Eröffnungsbilanz endgültig stellen auf: für A 58000 + 27200 = 85200 GM., B 52000 + 27200 = 79200 GM., C 22000 + 13600 = 35600 GM.

Auch hier wir nicht vermieden, daß die früher in den Jahresbilanzen gelegten stillen Reserven, soweit sie in der Goldmarkeröffnungsbilanz aufgedeckt und in das bilanzierte Reinvermögen einbezogen werden, nach dem Gewinnverteilungsschlüssel auch an jene Gesellschafter mitverteilt werden, die sie nicht gelegt haben, die also erst später dazugekommen sind. Aber wenn der Gesellschaftsvertrag hiefür keine besondere Regelung trifft, läßt sich hiegegen (außer im Falle gütlicher Vereinbarung) nichts machen, weil dieses Ergebnis ja auch bei einer Auflösung der Gesellschaft einträte.

c) Bei den einfachen Kommanditgesellschaften gilt hinsichtlich der persönlich haftenden Gesellschafter das unter b Gesagte. Hinsichtlich des Kommanditisten wird zwischen seiner vertragsgemäßen Einlage und seinem etwa darüber hinaus bestehenden Gewinnanteilkonto oder Privatkonto zu unterscheiden sein. Dieses letztere Konto ist mit seinem Goldmarkwert in die Bilanz einzusetzen, wie das Konto irgend eines Nichtgesellschafters. Dagegen ist die Kommanditeinlage entsprechend dem Kapitalkonto des offenen Handelsgesellschafters (vgl. oben b) zu behandeln.

Bem. 8. Überabgeschriebene Konten. Es ist festzuhalten, daß der bisherige Buchwert eines Vermögensstückes für die Goldmarkeröffnungsbilanz keinerlei Bedeutung hat. Die Inventarisierung erfolgt ohne jede Rücksicht auf den Buchwert. Deshalb hat das Maß der bisher auf einen Gegenstand gemachten Abschreibungen (z. B. 1 Mk. Konten!) keinerlei Bedeutung dafür, wie der Gegenstand hier anzusetzen ist. Es ist vielmehr der effektiv bezahlte Preis in Goldmark umzurechnen (wo eine Berechnung nicht mehr möglich ist, hat an deren Stelle gewissenhafte Schätzung zu treten) und bei Gebrauchsgegenständen dann der Abnutzungsgrad festzustellen, worauf der Goldmarkanschaffungspreis entsprechend vermindert wird. Liegt dieser Preis sinnwidrig nieder, so kann eine entsprechende Erhöhung vorgenommen werden, die bei den Kapitalgesellschaften aber gesondert auszuweisen ist (vgl. oben Bem. 2).

Bem. 9. Bewertungskonten. Diese zur Korrektur des Wertansatzes eines auf der Gegenseite der Bilanz befindlichen Postens dienenden Konten verschwinden grundsätzlich in der Goldmarkeröffnungsbilanz, weil ja auch die bisherige Bewertung, der sie dienten, durch ein neues System ersetzt wird. — Soll in der Goldmarkeröffnungsbilanz eine Goldmarkbewertung wiederum mit dem technischen Mittel des Korrektur- oder Bewertungspostens gemacht werden (z. B. die nach ihrem Nennbetrag in Goldmark umgerechneten und so unter den Aktiven angesetzten Debitoren sollen durch ein Delkrederekonto unter den Passiven auf den voraussichtlich einbringlichen Goldmarkbetrag herabgesetzt werden), so ist der betreffende Posten in der erforderlichen Goldmarkhöhe in der Eröffnungsbilanz neu zu bilden und zwar ohne jede Rücksicht darauf, ob überhaupt und in welcher Höhe bisher ein solcher Posten bestanden hat.

Bem. 10. Aktivhypotheken, Darlehensforderungen usw. in Reichsmark werden in ihrem Wertansatz natürlich sehr von der reichsgesetzlichen Lösung der Aufwertungsfrage (oben Bem. 3) abhängig sein, andererseits aber auch ebenso sehr von der Zahlungsfähigkeit des Schuldners und dem Sicherungswert des Pfandobjektes. Größte Vorsicht bei der Bewertung ist jedenfalls am Platze.

§ 5.

(1) Übersteigt bei Aktiengesellschaften, Kommanditgesellschaften auf Aktien oder Gesellschaften mit beschränkter Haftung das bei der Aufstellung der Eröffnungsbilanz nach Abzug der Schulden sich ergebende Vermögen den Betrag des Grundkapitals oder des Stammkapitals (Eigenkapital), so ist in der Bilanz entweder der Überschuß als Reserve einzustellen oder der Betrag des Eigenkapitals entsprechend heraufzusetzen. Die Maßnahmen können miteinander verbunden werden.

(2) Übersteigt der Betrag des Eigenkapitals das bei der Aufstellung der Eröffnungsbilanz nach Abzug der Schulden sich er=

gebende Vermögen, so ist entweder der Unterschied als Kapitalentwertungskonto unter die Aktiven einzustellen oder das Vermögen durch neue Einlagen bis zur Höhe des Betrags des Eigenkapitals zu vermehren oder der Betrag des Eigenkapitals entsprechend zu ermäßigen. Die Maßnahmen können miteinander verbunden werden.

Bem. 1. Allgemeines. Der nur für die AG., KAG. und GmbH. geltende § 5 schreibt die Wege vor, auf denen auf der Grundlage des durch die Goldmarkeröffnungsbilanz fixierten Zahlenbildes die Umstellung des Grund- oder Stammkapitals (der Einfachheit halber einheitlich „Eigenkapital" benannt) auf Goldmark zu erfolgen hat. Daraus ergibt sich von selbst, daß eine Umstellung im Sinne der VO. ohne die Goldmarkeröffnungsbilanz unmöglich ist, weil allein in der Goldmarkeröffnungsbilanz durch Vergleich zwischen dem Goldmarkreinvermögen und dem Eigenkapital die Art und Maß der Umstellung bestimmende Differenz zwischen diesen beiden Größen gefunden wird. Nach der Natur der Sache sind nur folgende 3 Umstellungssituationen möglich:

a) das in der Eröffnungsbilanz berechnete Reinvermögen in Goldmark ist gleich der Ziffer des Eigenkapitals,
b) das in der Eröffnungsbilanz berechnete Reinvermögen in Goldmark ist größer als die Ziffer des Eigenkapitals,
c) das in der Eröffnungsbilanz berechnete Reinvermögen in Goldmark ist kleiner als die Ziffer des Eigenkapitals.

Die VO. sagt statt „Reinvermögen" stets „das nach Abzug der Schulden sich ergebende Vermögen"; damit ist selbstverständlich ebenso wie unter dem von mir verwendeten kürzeren Ausdruck „Reinvermögen" gemeint der ziffernmäßige Unterschied zwischen der Summe der aktiven Vermögensbestandteile und der Summe der Verbindlichkeiten. Regelmäßig wird die Summe der Aktiven größer sein als die Summe der Verbindlichkeiten, zu denen das Eigenkapital sowie alle Arten von Reserven nicht zu rechnen sind; in diesem Regelfall ergibt sich als Überschuß der Aktiven über die Verbindlichkeiten das Goldmarkreinvermögen. Übersteigt dagegen die Summe der Verbindlichkeiten jene der Aktiven, dann liegt Überschuldung vor und der Überschuß der Verbindlichkeiten über die Aktiven bildet den Betrag der Überschuldung oder des negativen Reinvermögens. Die Goldmarkeröffnungsbilanz hat also als wichtigste Umstellungsgrundlage die Gegenüberstellung von Reinvermögen und Eigenkapital zu liefern.

Bem. 2. Erste Umstellungssituation: Gleichheit von Reinvermögen und Eigenkapital. Es möchte scheinen, daß diese Situation nur ein kaum jemals vorkommender Zufall wäre. Aber das wäre ein Trugschluß, der nicht berücksichtigte, daß die Bewertung in der Goldmarkeröffnungsbilanz bei aller Gewissenhaftigkeit doch in ziemlichem Maße dem Ermessen des Bilanzierenden überlassen bleibt. Und da diese erste Umstellungssituation vor den andern beiden Situationen den Vorzug der einfachsten Umstellungsart voraus hat, wird der Fall wohl doch öfters praktisch werden. Die VO. hat diesen Fall überhaupt nicht erwähnt, und zwar wohl deshalb, weil es hier — abgesehen von der überall erforderlichen Statutenänderung, die in der Umänderung der Bezeichnung „Mark" in „Goldmark" bei der Eigenkapitalsziffer und dem Betrage der Gesellschaftsanteile besteht — irgendeiner weiteren Umstellungsmaßregel nicht bedarf. Die Eröffnungsbilanz bietet hier z. B. folgendes Bild:

Gebäude	100 000 GM.	Schulden	50 000 GM.
Grundstücke	80 000 „	Grundkapital	200 000 „
Kasse	20 000 „		
Außenstände	50 000 „		
	250 000 GM.		250 000 GM.

Hier bedarf es also lediglich der Genehmigung der Eröffnungsbilanz, ferner der Genehmigung einer Statutenänderung dahin, daß das Aktienkapital statt bisher 200 000 M. nunmehr 200 000 GM. beträgt und daß die einzelne Aktie nicht mehr auf 1000 M., sondern auf 1000 GM. Nennbetrag lautet.

Bem. 3. Zweite Umstellungssituation: Überwiegen des Reinvermögens über das Eigenkapital. Dieser Fall wird (ebenso wie der in Bem. 2 behandelte) wohl nur bei Gesellschaften vorkommen, die ihr Kapital während der Inflationsjahre nicht verwässert haben. (Dabei ist aber darauf zu verweisen, daß die in der Inflationsperiode vorgenommenen Kapitalserhöhungen durchaus nicht alle Kapitalsverwässerungen waren. Eine Verwässerung liegt stets nur dann vor, wenn der der Gesellschaft für die einzelne neu herausgegebene Aktie zugeflossene Gegenwert geringer war als der innere Wert einer alten Aktie. Die zum Zwecke der Fusion erfolgten Kapitalserhöhungen stellen deshalb ziemlich durchwegs keinerlei Kapitalsverwässerung dar.) Aber die hier zu behandelnde Situation wird gleichwohl nicht bei allen jenen Gesellschaften gegeben sein, die eine Kapitalsverwässerung unterlassen haben; der Kapitalsschwund der Inflationszeit hat auch an dem sogenannten Goldmarkkapital gezehrt, so daß auch bei solchen Gesellschaften ein Herabsinken des Goldmarkreinvermögens unter die Eigenkapitalszahl nicht selten eingetreten sein wird. Das ist dann allerdings eine ganz gewöhnliche Unterbilanz, die an sich mit der Umstellung auf GM. nichts zu tun hätte, trotzdem aber nach § 5 Ziff. 2 zu behandeln ist.

Übersteigt das Goldmarkreinvermögen in der Eröffnungsbilanz die Eigenkapitalsziffer, so sind nach § 5 Abs. 1 VO. zwei Wege gegeben, wie der Reinvermögensüberschuß zum Zwecke der Umstellung buchmäßig zu verwenden ist. Eine Herauszahlung des Überschusses an die Gesellschafter kommt nach der VO. nicht in Betracht. Die beiden vorgesehenen Wege sind folgende:

a) Der Reinvermögensüberschuß ist in Reserve zu stellen. Das kann bereits in der Eröffnungsbilanz selbst geschehen, worauf dann — abgesehen von der bereits in Bem. 2 erwähnten Statutenänderung — wiederum ein weiterer Umstellungsakt nicht mehr erforderlich ist. Nehmen wir also beispielsweise an, daß bei einer Gesellschaft die Aktiva 1 000 000 GM., die Schulden 100 000 GM. und das Eigenkapital 500 000 GM. betragen und die Generalversammlung die Zuführung des Reinvermögensüberschusses von 400 000 GM. zur Reserve beschließt, so hat die Eröffnungsbilanz (vereinfacht) folgendermaßen zu lauten:

Verschiedene Aktiva	1 000 000 GM.	Schulden	100 000 GM.
		Grundkapital	500 000 „
		Reserve	400 000 „
	1 000 000 GM.		1 000 000 GM.

Ob die zu bildende Reserve mit der gesetzlichen Reserve des § 262 HGB. indentisch ist, sagt die VO. nicht, obwohl diese Frage wegen des Verwendungszwanges des § 262 HGB. sehr wesentlich ist. Es ist zu erwarten, daß die Frage von der Reichsregierung noch gemäß § 20 VO. gelöst wird.

b) Der Reinvermögensüberschuß wird zur Erhöhung des Eigenkapitals verwendet. Es handelt sich hier um eine einzahlungsfreie Erhöhung des Eigenkapitals, die entweder in der Form einer einzahlungsfreien Erhöhung des Nennbetrages der bisherigen Gesellschaftsanteile oder in der einzahlungsfreien Ausgabe neuer Gesellschaftsanteile (Gratisaktien, Gratisgeschäftsanteile) erfolgen kann. Da eine Kapitalserhöhung erst mit der Eintragung des durchgeführten Generalversammlungsbeschlusses volle Rechtswirksamkeit erlangt und auch da erst verbucht werden kann, so ist es selbstverständlich nicht möglich, den Vorgang bereits in der auf einen zurückliegenden Zeitpunkt bezogenen Eröffnungsbilanz als durchgeführt darzustellen. Die durchgeführte Kapitalserhöhung kann hier vielmehr erstmals in der auf die Umstellung folgenden ersten Goldmarkjahresbilanz erscheinen. Die Eröffnungsbilanz wird also in einem solchen Fall (vereinfacht) beispielsweise folgendermaßen lauten:

Verschiedene Aktiva	1 000 000 GM.	Schulden	100 000 GM.
		Grundkapital	500 000 „
		Reinvermögensüberschuß	400 000 „
	1 000 000 GM.		1 000 000 GM.

Die Durchführung der Kapitalserhöhung wird im Falle der einfachen Erhöhung des Nennbetrages in der Weise erfolgen, daß nach Fassung des diesbezüglichen Beschlusses durch die General- bzw. Gesellschafterversammlung der vorerst interimistisch auf dem Konto „Reinvermögensüberschuß" stehende Betrag auf das Grund- oder Stammkapitalskonto übertragen wird, die Aktienurkunden aber auf den erhöhten Nennbetrag umgestempelt werden. Im Falle der Kapitalserhöhung durch Ausgabe von Gratisaktien wird, wenn die Durchführungsbestimmungen keine Sonderregelung bringen, nichts anderes übrig bleiben, als daß in der üblichen Weise eine Stelle (Bank usw.) die Aktien sämtliche zeichnet, bei der Gesellschaft hierauf den ihr hiezu von dieser zur Verfügung gestellten Betrag einzahlt und die Aktien den bisherigen Aktionären zum unentgeltlichen Bezug anbietet. Eine Vereinfachung des Verfahrens dahin, daß einfach die Gesellschaft den Betrag von dem interimistischen Konto „Reinvermögensüberschuß" auf das Kapitalkonto überträgt und die neuen Aktien den Aktionären unentgeltlich hinausgibt, wäre sehr zu empfehlen. — Selbstverständlich wird diese Kapitalserhöhung meist zusammen mit dem unter a behandelten Verfahren der Reservierung gemischt auftreten (die VO. sagt überflüssigerweise noch ausdrücklich, daß beide Maßregeln miteinander verbunden werden können), weil die ungerade Ziffer des Reinvermögensüberschusses sich nicht gerade in dieser Höhe zur Verwendung zur Kapitalserhöhung eignet. Beträgt also z. B. das Eigenkapital 500 000 GM., der Reinvermögensüberschuß aber 529 000 GM., so wird es zweckmäßig sein, hievon 29 000 GM. in Reserve zu stellen und nur 500 000 GM. zur Verdoppelung des Kapitals zu verwenden. Das gleiche Ergebnis ist aber auch durch entsprechende Bemessung des Ausgabekurses der Gratisanteile zu erreichen, indem man das in die gesetzliche Reserve einzustellende Agio so bemißt, daß es gerade den zur Erhöhung der Eigenkapitalsziffer nicht zu verwendenden Spitzenbetrag ausmacht (das wäre im vorliegenden Fall ein Ausgabekurs von 105,8%).

Zweifellos zulässig erscheint es mir, daß eine Gesellschaft mit nicht voll einbezahltem Eigenkapital, deren Reinvermögen den Betrag des einbezahlten Eigenkapitals übersteigt, diesen Überschuß zur weiteren Einzahlung des Eigenkapitals bzw. zu dessen Vollzahlung verwendet. Denn wie wir in Bem. 4 zu §§ 3, 4 gesehen haben, ist bei nicht voll einbezahltem Eigenkapital in die Passiven der Eröffnungsbilanz die ganze Kapitalsziffer, in die Aktiven der Eröffnungsbilanz aber als Korrekturposten der Betrag des nichteinbezahlten Eigenkapitals einzustellen. Dadurch wird bewirkt, daß für den Vergleich mit dem Goldmarkreinvermögen in der Eröffnungsbilanz nur der einbezahlte Eigenkapitalsbetrag zur Verfügung steht. Man betrachte folgendes Eröffnungsbilanzbild:

Nicht eingezahltes Aktienkapital .	75 000 000 GM.	Schulden . . .	10 000 000 GM.
Verschiedene Aktiva	55 000 000 "	Aktienkapital . .	100 000 000 "
		Reinvermögensüberschuß . . .	20 000 000 "
	130 000 000 GM.		130 000 000 GM.

Dieses Bild kann vereinfacht auch folgendermaßen dargestellt werden:

Verschiedene Aktiva	55 000 000 GM.	Schulden . . .	10 000 000 GM.
		Aktienkapital . .	25 000 000 "
		Reinvermögensüberschuß . . .	20 000 000 "
	55 000 000 GM.		55 000 000 GM.

Daraus erkennt man, daß eine Verwendung zur weiteren Einzahlung auf das nicht voll einbezahlte Eigenkapital in seinem Effekt nichts anderes ist als bei voll einbezahltem Kapital die Kapitalserhöhung unter Heraufsetzung des Nennbetrages der ihrer Zahl nach unverändert bleibenden Gesellschaftsanteile. Der Posten Reinvermögensüberschuß wird nach entsprechender Beschlußfassung buchmäßig einfach auf das Eigenkapitalkonto übertragen. — Auch hier liegt eine „Erhöhung des Eigenkapitals" vor, nicht allerdings des satzungsgemäßen Eigenkapitals, das ja unverändert bleibt, wohl aber des in der Eröffnungsbilanz dem Reinvermögen gegenübergestellten Eigenkapitalsbetrages, weil dieser stets nur der einbezahlte Eigenkapitalsbetrag ist.

Bem. 4. Dritte Umstellungssituation: Überwiegen des Eigenkapitals über das Reinvermögen. Diese Situation wird wohl bei weitem den Regelfall bilden. Hier sind drei verschiedene Umstellungsmaßnahmen vorgesehen, die wiederum miteinander verbunden werden können, wie die VO. ausdrücklich hervorhebt.

a) Einstellung eines Kapitalentwertungskontos unter die Aktiven der Bilanz. Hier handelt es sich um ein sogenanntes aktives Wertberichtigungskonto, wie es ähnlich als „Währungswertberichtigungskonto" in dem Gesetze vom 17. Dezember 1923 über die Bilanzierung wertbeständiger Schulden (RGBl. I S. 1233) vorgesehen ist. Die Einstellung eines solchen Kapitalentwertungskontos zum Ausgleich der Differenz zwischen Eigenkapital und Reinvermögen kann wiederum gleich in der Eröffnungsbilanz geschehen, so daß in einem solchen Fall — abgesehen von dem mehrfach erwähnten Erfordernis der Statutenänderung auf Goldmark — die Umstellung bereits mit der Genehmigung der so aufgestellten Eröffnungsbilanz durchgeführt ist. Hat beispielsweise eine Gesellschaft 1200000 GM. Aktiva, 100000 GM. Schulden und 2000000 M. Eigenkapital, so nimmt sich die Eröffnungsbilanz, wenn die Differenz allein durch ein Kapitalentwertungskonto ausgeglichen werden soll, folgendermaßen aus:

Verschiedene Aktiva	1200000 GM.	Schulden	100000 GM.
Kapitalentwertungskonto	900000 „	Grundkapital . . .	2000000 „
	2100000 GM.		2100000 GM.

Die Einstellung eines Kapitalentwertungskontos ist aber nur ein vorläufiges Umstellungsmittel, das trotz seiner scheinbaren Einfachheit praktisch nicht beliebt werden wird (jedenfalls nicht, soweit es über den Ausgleich von Spitzenbeträgen hinausgeht). Denn — wie in den Erläuterungen zu § 6 näher dargelegt — muß dieses Konto innerhalb dreier Geschäftsjahre getilgt werden, sei es durch die in dieser Zeit erzielten Gewinne oder durch das Agio bei Ausgabe neuer Aktien oder durch Kapitalsherabsetzung, und es darf vor seiner restlosen Tilgung keinerlei Gewinn ausgeschüttet wie auch bei Kapitalserhöhungen das Bezugsrecht der bisherigen Gesellschafter nicht ausgeschlossen werden. Außerdem darf das Kapitalentwertungskonto 90% des Eigenkapitals nicht übersteigen (§ 6 VO.). Eine Tilgung des in größerem Umfang verwendeten Kapitalentwertungskontos wird nun aber auch bei gutem Geschäftsgang in drei Jahren den Gesellschaften regelmäßig ganz unmöglich sein, weil das Konto durch die hohe Papiermarkzahl des Eigenkapitals in seiner Höhe bedingt, in Goldmark aber nun zu tilgen ist. Zum Ausgleich eines kleineren Differenz- oder Spitzenbetrages (letzteres beim Zusammenwirken mit anderen Umstellungsmaßregeln) ist dagegen das Kapitalentwertungskonto unbedenklich zu verwenden.

b) Vermehrung des Vermögens durch neue Einlagen. Hier bedarf die ziemlich unklare Regelung des § 5 Abs. 2 VO. noch ausführlicher Ergänzung auf Grund des § 20. Denn eine Vermehrung des Reinvermögens der Gesellschaft ohne eine gleiche Erhöhung des Eigenkapitals tritt bei Hereinholen neuer Einlagen von den Gesellschaftern natürlich nur dann ein, wenn dafür nicht eine entsprechende

Erhöhung des bisherigen Betrages der Gesellschaftsanteile erfolgt. Im Wege der normalen Kapitalserhöhung wäre also (von dem hier kaum erzielbaren Ausgabeagio abgesehen) eine die Vermehrung des Eigenkapitals übersteigende Vermehrung des Reinvermögens der Gesellschaft und damit ein Ausgleich der hier zu beseitigenden Differenzen unmöglich. Die Einforderung von sogenannten Nachschüssen ist aber bei der AG. gar nicht und bei der GmbH. nur in praktisch ziemlich beschränktem Umfang möglich. — Vor einer Erörterung der vorerst gegebenen Rechtslage muß noch darauf hingewiesen werden, daß das Mittel, die Differenz zwischen dem Eigenkapital und dem kleineren Reinvermögen durch neue Einlagen der Gesellschafter auszugleichen, ganz abgesehen vom Kapitalmarkt immer nur in sehr beschränktem Maße in Betracht kommen kann. Denn bei allen Gesellschaften mit verwässertem Eigenkapital zeigt ja noch dessen Zahl nicht etwa den wirtschaftlichen Bedarf des Unternehmens in Goldmark an, sondern geht vielfach ganz gewaltig darüber hinaus. Es ist sehr häufig vorgekommen, daß etwa im Jahre 1922 oder 1923 eine kleine Fabrik, die kaum einige hunderttausend Goldmark gesamtes Kapital benötigt, mit Hunderten oder Tausenden von Millionen Papiermark Eigenkapital errichtet wurde, weil es eben vielfach reine Geschmackssache war, welchen Ausgabekurs man wählte. Es wäre ein vollkommener Unsinn, wollte man (immer wieder vom Kapitalmarkt und der Geldbeschaffungsmöglichkeit abgesehen) einem solchen Unternehmen jetzt zwecks Umstellung des Kapitals auf Goldmark die fehlenden Millionen und Milliarden in Goldmark zuführen. Wenn das Unternehmen wirtschaftlich kein weiteres Kapital braucht, dann hat es hier keinerlei Sinn, die bewußte Differenz in irgendwie nennenswertem Umfang durch neue Einlagen zu beseitigen. Hier ist vielmehr die unter c behandelte Maßregel (Kapitalsherabsetzung) das einzig Richtige. Wenn dagegen eine Gesellschaft ohnedies Geldbedarf hat, dann kann selbstverständlich die Gelegenheit der Umstellung dazu benützt werden, diesen Bedarf zu befriedigen, sei es nun auf dem Wege der hier behandelten Einforderung neuer Einlagen oder auf dem meist wahrscheinlich ratsameren Weg einer Verbindung der Umstellungs-Kapitalsherabsetzung mit einer Wiedererhöhung in Goldmark.

Was nun die vorerst rechtlich bestehende Möglichkeit zur Einforderung neuer Einlagen (ohne Gewährung neuer Gesellschaftsanteile bzw. Erhöhung des Nennbetrages der bisherigen Anteile) bei den Kapitalgesellschaften anlangt, so ist folgendes zu sagen:

GmbH. Hier gibt es Gesellschaften, bei denen gemäß § 26 GmbHG. im Gesellschaftsvertrag eine Nachschußpflicht über die Stammeinlagen hinaus vorgesehen ist. Diese Nachschußpflicht kann auf einen bestimmten Betrag begrenzt (§ 26 Abs. 3 a. a. O.) oder der Höhe nach unbegrenzt sein (§§ 26—28 a. a. O.). Ist im Gesellschaftsvertrag eine solche Nachschußpflicht nicht vorgesehen, so können neue Einlagen ohne Gewährung entsprechender Gesellschaftsrechte nicht eingefordert, auch kann eine Gesellschaftsvertragsänderung zum Zwecke der nachträglichen Einführung der Nachschußpflicht nur durch einstimmigen Beschluß aller Gesellschafter getroffen werden (§ 52 Abs. 3 GmbHG.).

AG. und KAG. Hier gibt es eine solche Nachschußpflicht wie nach dem GmbHG. überhaupt nicht. Eine der wesentlichsten Grundlagen unseres Aktienrechtes ist § 211 HGB., der bestimmt, daß die Verpflichtung des Aktionärs zur Leistung von Kapitaleinlagen durch den Nennbetrag der Aktie bzw. den etwaigen höheren Ausgabepreis begrenzt wird. Solange also die Durchführungsbestimmungen nicht eine besondere Nachschußpflicht für Umstellungszwecke einführen, könnte die Einforderung neuer Einlagen mit dem Ziel einer Vermehrung des Gesellschaftsreinvermögens ohne gleichzeitige entsprechende Vermehrung des Eigenkapitals nur in folgender Rechtsform sich vollziehen:

α) Kapitalsherabsetzung mit anschließender Wiedererhöhung (in Goldmark) zu einem über dem Nennbetrag liegenden Ausgabepreis. Hier wird die Differenz zwischen Reinvermögen und Eigenkapital zuerst durch die Kapitalsherabsetzung verkleinert und dann weiter dezimiert durch das Ausgabeagio. Aber dieser theoretisch mögliche Weg ist wahrscheinlich meist praktisch nicht gangbar, weil in der gegebenen Situation ein nennenswertes Ausgabeagio nicht zu erzielen sein wird. Erfolgt aber die sich an die Herabsetzung anschließende Wiedererhöhung des Kapitals ohne Agio, so wird die Differenz zwischen Eigenkapital und Reinvermögen nicht kleiner, die Wiedererhöhung des Kapitals dient also zwar der etwa nötigen Geldbeschaffung, nicht aber dem Umstellungsziel, nämlich der Beseitigung der besagten Differenz.

β) Der Weg, durch Generalversammlungsbeschluß den Aktionären, welche eine bestimmte Zuzahlung leisten, gewisse Vorrechte (hinsichtlich Stimmrecht, Gewinnanteil oder Liquidationserlösanteil) vor den übrigen Aktionären zu gewähren, dürfte im Hinblick auf § 8 VO. bedenklich, wenn nicht unzulässig sein.

Die Durchführungsbestimmungen müssen hier unbedingt Klarheit über den Willen und die Absichten des Gesetzgebers schaffen.

c) Kapitalsherabsetzung. Das weitaus am häufigsten angewandte und auch regelmäßig am meisten angebrachte Mittel zur Beseitigung der Differenz zwischen dem größeren Eigenkapitalsbetrag und dem kleineren Goldmarkreinvermögen wird die Herabsetzung des Eigenkapitals sein. Wenn nicht die Durchführungsbestimmungen für das Gebiet der VO. abweichende Vorschriften bringen, bedarf ein Kapitalherabsetzungsbeschluß bei der AG. stets mindestens einer Mehrheit von 3/4 des bei der Beschlußfassung vertretenen Grundkapitals (§ 288 Abs. 1 HGB.). Sofern der Gesellschaftsvertrag noch weitere Erfordernisse aufstellt, sind auch diese zu erfüllen. Durch den Beschluß muß zugleich festgesetzt werden, zu welchem Zwecke die Herabsetzung stattfindet, insbesondere, ob sie zur teilweisen Rückzahlung des Grundkapitals an die Aktionäre erfolgt, und in welcher Weise die Maßregel auszuführen ist (§ 288 Abs. 2 HGB.). Sind mehrere Gattungen von Aktien mit verschiedener Berechtigung vorhanden, so bedarf es neben dem Beschluß der Generalversammlung eines in gesonderter Abstimmung gefaßten Beschlusses der Aktionäre jeder Gattung. Auch für diese Beschlußfassung gilt die obige Vorschrift über die erforderliche Majorität. Auf die getrennte Beschlußfassung der verschiedenen Aktiengattungen muß in der Ausschreibung der Generalversammlung ausdrücklich hingewiesen werden (§§ 288, 275 Abs. 3 Satz 2, 256 Abs. 2 HGB.).

Bei der GmbH. ist — vorbehaltlich schärferer Bestimmungen des Gesellschaftsvertrages — zu einem Kapitalsherabsetzungsbeschluß ebenfalls 3/4 Mehrheit der gültig abgegebenen Stimmen erforderlich (§ 53 GmbHG.). — Wegen der Gläubigerschutzvorschriften vgl. § 58 GmbHG. und § 289 HGB. Hier dürfte von den Durchführungsbestimmungen wohl eine Erleichterung zu erwarten sein.

Die Kapitalsherabsetzung kann entweder durch Herabsetzung des Nennbetrages der einzelnen Gesellschaftsanteile oder durch Zusammenlegung (also Verminderung der Zahl) der Gesellschaftsanteile erfolgen. Wie in den Erläuterungen zu § 11 näher dargelegt ist, darf aber eine Herabsetzung des Kapitals im Wege der Zusammenlegung der Gesellschaftsanteile erst dann und nur insoweit erfolgen, als die Herabsetzung des Nennbetrages der Anteile für den Umstellungszweck nicht ausreicht. Der Herabsetzung des Nennbetrages des einzelnen Anteils ist durch die Mindestnennbeträge eine unter allen Umständen einzuhaltende Grenze gezogen, deren Verletzung zum Einschreiten des Registergerichts nach § 16 führen würde.

Wie in dem oben in Bem. 3 Buchst. b behandelten Fall, daß zu Umstellungszwecken der Überschuß des Goldmarkreinvermögens über das Eigenkapital zur Kapitalserhöhung verwendet werden soll, kann auch hier, wo die Differenz zwischen dem kleineren Goldmarkreinvermögen und dem größeren Eigenkapital durch Kapitalsherabsetzung zu Umstellungszwecken beseitigt werden soll, diese Umstellungsmaßregel in der Goldmarkeröffnungsbilanz unmöglich bereits als durchgeführt erscheinen. Sie zeigt sich vielmehr erstmals in der darauffolgenden ersten Goldmarkjahresbilanz. In diesem Fall bietet also die Eröffnungsbilanz vereinfacht z. B. folgendes Bild:

Verschiedene Aktiva	1 100 000 GM.	Schulden	100 000 GM.
Unterbilanz (Saldo)	9 000 000 „	Grundkapital . .	10 000 000 „
	10 100 000 GM.		10 100 000 GM.

Wenn bis zum nächsten Jahresende ein Gewinn von 50 000 GM. erzielt wird, ergibt nach durchgeführter Kapitalsherabsetzung um 9 000 000 auf 1 000 000 GM. die vereinfachte nächste Goldmarkjahresbilanz folgendes Bild:

Verschiedene Aktiva .	1 150 000 GM.	Schulden	100 000 GM.
		Grundkapital . . .	1 000 000 „
		Gewinn	50 000 „
	1 150 000 GM.		1 150 000 GM.

Soll zu Umstellungszwecken das nicht voll einbezahlte Eigenkapital herabgesetzt werden, so kann die Herabsetzung nicht (auf jeden Fall nicht nur) im Wege der ganzen oder teilweisen Befreiung der Gesellschafter von ihren ausstehenden Einzahlungen gemacht werden. Denn dadurch würde ja — da in der Eröffnungsbilanz im Effekt nur der einbezahlte Eigenkapitalsbetrag mit dem Goldmarkreinvermögen verglichen wird — die Differenz zwischen diesen beiden Größen nicht verringert. Die für die Umstellung benötigte Wirkung einer Kapitalsherabsetzung tritt deshalb bei Herabsetzung eines nicht voll einbezahlten Eigenkapitals nur insoweit ein, als hiebei eine Reduktion des einbezahlten Eigenkapitalsbetrages erfolgt. Das ergibt sich aus folgendem Eröffnungsbilanzbild:

Nicht einbezahltes Grundkapital .	75 000 000 GM.	Grundkapital .	100 000 000 GM.
Goldmarkreinvermögen . . .	5 000 000 „		
Unterbilanz (Saldo)	20 000 000 „		
	100 000 000 GM.		100 000 000 GM.

Wollte man hier nur eine Herabsetzung des Grundkapitals auf 25 000 000 GM. durch Befreiung der Aktionäre von ihrer restlichen Einzahlungspflicht durchführen, so ergäbe sich nach erfolgter „Umstellung" (ohne Berücksichtigung des in der Zwischenzeit etwa erzielten Erfolges) folgendes Bild für eine etwa aufgestellte Zwischenbilanz:

Goldmarkreinvermögen .	5 000 000 GM.	Grundkapital . .	25 000 000 GM.
Unterbilanz . . .	20 000 000 „		
	25 000 000 GM.		25 000 000 GM.

Die durch die Umstellung zu beseitigende Differenz wäre also von dieser (falschen) Umstellungsmaßregel gar nicht berührt worden. Dagegen wird der bezweckte Erfolg vollkommen erreicht, wenn das Kapital von 100 000 000 M. auf 20 000 000 GM. herabgesetzt wird, die Aktionäre aber nur in Höhe von 60 000 000 von ihrer restlichen Einzahlungspflicht befreit werden. Dann ergibt sich für eine wie vorhin nach der Umstellung etwa aufzustellende Zwischenbilanz folgendes Bild:

Nicht einbezahltes Grundkapital .	15 000 000 GM.	Grundkapital . .	20 000 000 GM.
Goldmarkreinvermögen .	5 000 000 „		
	20 000 000 GM.		20 000 000 GM.

Soweit die Kapitalsherabsetzung lediglich durch Herabsetzung des Nennbetrages der ihrer Zahl nach unvermindert bleibenden Aktien erfolgt, bedeutet der Vorgang niemals einen Verlust für den Aktionär. Denn der Nennbetrag einer Aktie ist praktisch nur insofern für die Bewertung der Aktie von Bedeutung, als sich aus dem Verhältnis zwischen dem Nennbetrag und dem Grundkapitalsbetrag ergibt, welche Quote vom gesamten Unternehmen die einzelne Aktie darstellt. In diesem quotenmäßigen Verhältnis wird aber durch die gleichmäßige Reduzierung von Grundkapital und Aktiennennbetrag natürlich nichts geändert. Und darum bleibt in einem solchen Fall der Wert der einzelnen Aktie von der Herabsetzung des Nennbetrages vollkommen unberührt (sofern nicht der Unverstand des Publikums den Kurs durch Mißtrauensverkäufe drückt und so den Erfolg selbst erst herbeiführt, den es — an sich unbegründeterweise — befürchtet). Die Kursbezeichnung muß sich bei Reduzierung des Nennbetrages naturgemäß trotz des gleich bleibenden Aktienwertes ändern. Wenn also eine Aktie im Nennbetrage von 1000 M. 150 GM. kostet, so wird sie an der Börse mit 15% notiert (denn 15% von 1000 sind 150). Wird nun gelegentlich der Umstellung der Nennbetrag der Aktie auf 100 GM. ermäßigt, so steigt damit automatisch bei gleichbleibendem Preis der Kurs der Aktie auf 150% (denn 150% von 100 sind 150). Würde der Nennbetrag der Aktie nicht auf 100 GM., sondern auf 300 GM. ermäßigt, so würde der Kurs bei gleichbleibendem Preis 50% betragen (denn 50% von 300 sind 150). Man sieht also, daß bei gleichbleibendem Preise der Kurs der Aktie mit ermäßigtem Nennbetrag um so mehr steigen wird, je mehr der Nennbetrag ermäßigt wird. Nach durchgeführter Umstellung der deutschen Aktiengesellschaften wird hienach ein deutscher Kurszettel richtig nur mehr verstanden werden können, wenn gleichzeitig bei jedem Papier der Aktiennennbetrag angegeben wird.

Bem. 5. Vorzeitige Umstellung. Die im § 5 vorgesehenen Umstellungsmaßnahmen müssen von den Kapitalgesellschaften erst im Anschluß an die Goldmarkeröffnungsbilanz vorgenommen werden, die nach § 2 spätestens für den 1. Januar 1924 oder dem späteren Beginn des Geschäftsjahres 1924/25 aufzustellen ist. Wie bereits in Bem. 4 zu § 2 ausgeführt, erscheint eine freiwillige vorzeitige Aufstellung der Eröffnungsbilanz in Goldmark zulässig. Darnach muß auch eine Umstellung im Sinne des § 5 im Anschluß an eine solche vorzeitige Goldmarkeröffnungsbilanz als zulässig erachtet werden (vgl. auch Bem. 3 zu § 14). Stets ist jedoch festzuhalten, daß eine solche Umstellung als unerläßliche Voraussetzung die Goldmarkeröffnungsbilanz hat, daß also eine vorzeitige Umstellung ohne vorzeitige Goldmarkeröffnungsbilanz unmöglich ist.

§ 6.

Das Kapitalentwertungskonto darf nicht höher sein als 9/10 des Betrags des Eigenkapitals. Die Gesellschaft ist verpflichtet, das Kapitalentwertungskonto innerhalb von drei Geschäftsjahren auszugleichen. Zur Tilgung sind der vorhandene Reservefonds sowie die Beträge zu verwenden, die gemäß § 262 des Handelsgesetzbuchs in den Reservefonds einzustellen wären; eine Verteilung von Gewinnen ist unzulässig, solange ein Kapitalentwertungskonto besteht. Die Durchführung des Ausgleichs ist dem Gericht anzuzeigen.

Bem. 1. Höchstgrenze für das Kapitalentwertungskonto (vgl. Bem. 4 zu § 5) ist ein Betrag von 9/10 der Eigenkapitalsziffer d. h. also der Markzahl des Grund- oder Stammkapitals. Wenn das Eigenkapital 100 000 000 M. (in der Eröffnungsbilanz nunmehr als Goldmark bezeichnet) beträgt, darf also das Kapitalentwertungskonto nicht mehr als 90 000 000 Goldmark ausmachen. Wenn dieser Betrag zur Ausgleichung des Unterschiedes zwischen dem größeren Eigenkapital und dem kleineren Goldmarkreinvermögen nicht ausreicht, müssen entweder die anderen Umstellungsmaßregeln allein oder zusammen mit der Errichtung eines Kapitalentwertungskontos angewendet werden.

Beispiel: Eigenkapital 100 000 000, Goldmarkreinvermögen 1 000 000, Differenz 99 000 000. Hier kann das Kapitalentwertungskonto nur höchstens 90 000 000 betragen, es bleiben also noch 9 000 000, die auf andere Weise beseitigt werden müssen. Das kann z. B. in der Weise gemacht werden, daß das Eigenkapital von 100 000 000 um diese 9 000 000 auf 91 000 000 herabgesetzt wird, indem der Nennbetrag jeder einzelnen Aktie von 1000 auf 910 ermäßigt wird (vgl. Bem. 4 zu § 10). Natürlich muß das Kapitalentwertungskonto in einem solchen Fall (und überhaupt) nicht in der höchsten zulässigen Höhe gebildet werden, sondern die Gesellschaft kann innerhalb der durch § 6 und § 11 gezogenen Grenzen auch jede andere Gruppierung der Umstellungsmittel wählen, z. B. Herabsetzung des Eigenkapitals auf 10 000 000 durch Verminderung des Nennbetrages der einzelnen Aktie von 1000 auf 100 und Errichtung eines Kapitalentwertungskontos von 9 000 000 oder statt Errichtung des Kapitalentwertungskontos eine weitere Zusammenlegung der auf 100 GM. gestellten Aktien im Verhältnis von 10:1, so daß also das Eigenkapital von nunmehr 1 000 00 GM. dem Goldmarkreinvermögen von ebenfalls 1 000 000 GM. vollkommen angeglichen ist.

Ist das Eigenkapital am Goldmarkeröffnungsbilanzstichtage nicht voll einbezahlt, so erscheint der nichteinbezahlte Betrag unter den Aktiven der Bilanz (vgl. Bem. 4 zu §§ 3, 4), wirkt also gegenüber der vollen unter den Passiven stehenden satzungsgemäßen Eigenkapitalszahl ohnedies schon als Korrekturposten, so daß in einem solchen Fall die $^9/_{10}$ (Höchstgrenze für das Kapitalentwertungskonto) nur von dem Unterschiedsbetrage beider Kapitalposten, also von einbezahlten Eigenkapitalsbetrag gerechnet werden dürfen.

Beispiel: Satzungsgemäßes Eigenkapital 100 000 000, das nur zu $^1/_4$ einbezahlt ist. Goldmarkreinvermögen 1 000 000. Hier darf das Kapitalentwertungskonto nicht bis $^9/_{10}$ von 100 000 000, also bis 90 000 000, sondern nur bis $^9/_{10}$ von 100 000 000 — 75 000 000 = 25 000 000, also bis 22 500 000 gehen, so daß eine Restdifferenz von 1 500 000 anderweit zu beseitigen ist. Die Goldmarkeröffnungsbilanz sieht vereinfacht folgendermaßen aus:

Nicht einbezahltes Aktienkapital .	75 000 000 GM.	Aktienkapital . .	100 000 000 GM.
Goldmarkreinvermögen . . .	1 000 000 „		
Kapitalentwertungskonto . . .	22 500 000 „		
Ungedeckte Restdifferenz . . .	1 500 000 „		
	100 000 000 GM.		100 000 000 GM.

Bem. 2. Tilgungsverpflichtung. Das Kapitalentwertungskonto muß binnen 3 Geschäftsjahren „ausgeglichen" werden, was buchmäßig wie die Abschreibung auf irgendein anderes Bilanzaktivum durchgeführt wird. Geschieht die Tilgung nicht innerhalb der gesetzten Frist (Bem. 3), so droht das Nichtigkeitsverfahren des § 16 VO. Ein Zwang, bei Bestehen eines Kapitalentwertungskontos jeden auf Grund der Jahresbilanz erzielten Gewinn alsbald zur Abdeckung des Kontos zu verwenden, besteht (abgesehen von den unter § 262 Ziff. 1 HGB. fallenden Teilbeträgen) nicht. Es darf nur während des Bestehens des Kontos keine Gewinnausschüttung an die Gesellschafter erfolgen. Eine sonstige Verwendung des Jahresgewinnes (etwa zur Bildung von Reserven oder zu außerordentlichen Abschreibungen) ist durchaus zulässig. Die Gesellschaft kann sich also die Beseitigung des Kontos bis gegen Ende der Frist aufsparen. Die Genehmigung der Bilanz für das letzte (3.) Geschäftsjahr der Tilgungsfrist kann für die Abdeckung des Kontos allerdings ohne besondere Genehmigung des Registergerichts nicht abgewartet werden, weil die 3jährige Frist schon mit Ablauf dieses Geschäftsjahrs endigt, während die Bilanzgenehmigung naturgemäß erst Monate später stattfindet. Erfolgt vor Tilgung des Kontos eine Kapitals-

erhöhung, so muß das hiebei etwa nach Abzug der Kosten erzielte Agio alsbald zur Abdeckung des Kontos verwendet werden. Eine auch nur vorläufige Einstellung in die gesetzliche Reserve wäre nicht zulässig. — Dagegen wäre Umgehung dieses Zwanges dadurch möglich, daß man das handelsrechtliche Agio durch ein nur wirtschaftliches Agio (durch Dazwischenschieben eines Treuhänders, der die Aktien zu pari zeichnet und sie gemäß § 9 den Aktionären zum Bezuge anbietet) ersetzt und so nach Flechtheim (Bankarchiv XXII, 225, „Das Emissionsagio bei den modernen Formen der Kapitalserhöhung") dem Verwendungszwang des § 262 Ziff. 2 HGB. und damit auch des § 6 VO. vorläufig entzieht. Ich denke aber, daß — von besonderen Fällen abgesehen — das Kapitalentwertungskonto den Gesellschaften wegen seiner Begleiterscheinungen so wenig angenehm sein wird, daß jede Gesellschaft eine mögliche Tilgung des Kontos nicht unnötig hinausschieben wird.

Es kann sehr wohl vorkommen, daß es einer Gesellschaft — besonders bei zu hoher Bemessung des Kapitalentwertungskontos — schlechterdings unmöglich ist, dieses Konto innerhalb der dafür gesetzten 3 Jahre auszugleichen. In diesem Falle muß die Gesellschaft eben rechtzeitig dafür sorgen, das Konto durch Kapitalsherabsetzung oder Einfordern neuer Einlagen zu beseitigen. Ist inzwischen gegenüber der Goldmarkeröffnungsbilanz das Goldmarkreinvermögen weiter gesunken, so erstreckt sich die durch diese Verordnung gebotene Umstellung nicht auch auf diese weiter entstandene Differenz zwischen Eigenkapital und Goldmarkreinvermögen. Ein solcher Bilanzverlust muß nicht etwa dem Kapitalentwertungskonto zugebucht und zusammen mit ihm getilgt werden. Umstellungsgrundlage bleibt stets die Goldmarkeröffnungsbilanz.

Bem. 3. Tilgungsfrist. Das Kapitalentwertungskonto ist „innerhalb von drei Geschäftsjahren" auszugleichen. Damit dürften die drei vom Goldmarkeröffnungsbilanzstichtag ab laufenden drei Geschäftsjahre gemeint sein. Für den Fall, daß sich unter diesen drei Geschäftsjahren auch Rumpfgeschäftsjahre (von weniger als 12 Kalendermonaten) befinden, dürfte sinngemäß anzunehmen sein, daß sich die Frist auf die Zeit von 36 Kalendermonaten ab Goldmarkeröffnungsbilanzstichtag erstreckt. Die Tilgungsfrist ist meines Erachtens nicht identisch mit der Umstellungsfrist des § 14 (vgl. Bem. 3 zu § 14).

Bem. 4. Tilgungsmittel. Zur Ausgleichung des Kapitalentwertungskontos kommen verschiedene Mittel in Betracht:

a) Der an erster Stelle von § 6 als zur Tilgung bestimmt genannte „vorhandene Reservefonds" gehört zu den anwendbaren Tilgungsmitteln auf keinen Fall, weil er eben in dem Zeitpunkt, wo er verwendet werden könnte, überhaupt nicht mehr „vorhanden" ist. Die gesetzliche Reserve, die wohl damit gemeint ist, verschwindet in der Goldmarkeröffnungsbilanz ebenso wie jede andere in Mark gebildete Reserve. Eine neue gesetzliche Reserve kann erst nach dem Zeitpunkt, auf den die Goldmarkeröffnungsbilanz gestellt ist, wieder entstehen, aber auch dann nur, wenn kein Kapitalentwertungskonto errichtet wurde bzw. das errichtete bereits getilgt ist. Es liegt also einfach ein Lapsus des Verfassers der Verordnung vor.

b) Die Beträge, die nach § 262 HGB. in den gesetzlichen Reservefonds einzustellen wären, sind während des Bestehens des Kapitalentwertungskontos nicht der gesetzlichen Reserve, sondern letzterem Konto zuzuführen (gutzubringen). § 262 HGB. lautet:

§ 262 HGB.

Zur Deckung eines aus der Bilanz sich ergebenden Verlustes ist ein Reservefonds zu bilden. In diesen ist einzustellen:

1. von dem jährlichen Reingewinne mindestens der zwanzigste Teil so lange, als der Reservefonds den zehnten oder den im Gesellschaftsvertrage bestimmten höheren Teil des Grundkapitals nicht überschreitet;
2. der Betrag, welcher bei der Errichtung der Gesellschaft oder bei einer Erhöhung des Grundkapitals durch Ausgabe der Aktien für einen höheren als den Nennbetrag über diesen und über den Betrag der durch die Ausgabe der Aktien entstehenden Kosten hinaus erzielt wird;
3. der Betrag von Zahlungen, die ohne Erhöhung des Grundkapitals von Aktionären gegen Gewährung von Vorzugsrechten für ihre Aktien geleistet werden, soweit nicht eine Verwendung dieser Zahlungen zu außerordentlichen Abschreibungen oder zur Deckung außerordentlicher Verluste beschlossen wird.

c) Nicht genannt ist von der Verordnung das normalerweise wichtigste Tilgungsmittel, nämlich der innerhalb der Tilgungsfrist erzielte Bilanzgewinn. Daß aber diese Verwendung auch im Sinne des § 6 liegt, geht indirekt klar daraus hervor, daß eine Gewinnausschüttung an die Gesellschafter während des Bestehens des Kontos verboten ist.

d) Reichen die bisher genannten Mittel nicht dazu aus, um innerhalb der Tilgungsfrist das Konto auszugleichen, so müssen zur restlichen Tilgung die weiteren Umstellungsmaßregeln ergriffen, also entweder das Eigenkapital entsprechend herabgesetzt oder Zuschüsse eingefordert werden; im ersteren Falle wird die Differenz zwischen Goldmarkreinvermögen und Eigenkapital durch Verringerung der Eigenkapitalsziffer, im letzteren Fall durch Erhöhung des Goldmarkreinvermögens beseitigt.

Bem. 5. Anzeige an das Registergericht. Sobald das Kapitalentwertungskonto getilgt ist, hat der Vorstand dies dem Registergericht anzuzeigen. Geht eine Anzeige von der erfolgten Tilgung nicht innerhalb der Tilgungsfrist beim Registergericht ein, so erfolgt Androhung der Eintragung der Nichtigkeit der Gesellschaft unter Fristsetzung gemäß § 16 VO. Der Vorstand oder Geschäftsführer hat also zur Vermeidung seiner Schadensersatzpflicht gegenüber den Gesellschaftern sorgfältigst darüber zu wachen, daß er nach dieser Richtung nichts versäumt. Auch der Aufsichtsrat wird sein Augenmerk darauf zu richten haben, daß alle erforderlichen Maßnahmen rechtzeitig getroffen werden. — Für die Anzeige des Vorstandes an das Registergericht ist eine besondere Form nicht vorgeschrieben; es genügt also die Schriftform. Auch eine Mitwirkung des Aufsichtsrates bei der Anzeigenerstattung ist nicht vorgesehen.

Bem. 6. Steuerliches. Die zur Tilgung des Kapitalentwertungskontos verwendeten Teile des steuerbaren Einkommens dürfen von diesem nicht abgezogen werden (§ 19 Abs. 2 VO.). Wird die Verwendung zur Tilgung vorweg verbucht, so daß also in der von der Generalversammlung zu genehmigenden Jahresbilanz das Kapitalentwertungskonto wie auch der Jahresgewinn schon um den betreffenden Tilgungsbetrag vermindert erscheinen, so muß der Betrag als steuerpflichtige Verwendung steuerlich dem Bilanzgewinn wieder zugesetzt werden. — Ein zur Tilgung des Kapitalentwertungskontos verwendetes Ausgabeagio gehört selbstverständlich nicht zum steuerbaren Einkommen, ist jedoch gesellschaftssteuerpflichtig, ebenso wie auch zur Tilgung verwendete Zahlungen der Gesellschafter, die unter § 262 Ziff. 3 HGB. fallen (§ 19 Abs. 3 VO.).

Bem. 7. Tantiemenfreiheit der Tilgungsbeträge. Soweit die Gesellschaft ihren Jahresgewinn zur Tilgung des Kapitalentwertungskontos verwendet (vgl. oben Bem. 4 Buchst. b und c), erhalten daraus Vorstand und Aufsichtsrat der AG. keine Tantieme. Das ergibt sich zweifelsfrei aus §§ 237, 245 HGB. und der reichsgerichtlichen Rechtsprechung hiezu.

§ 7.

Eine nach § 5 vorgenommene Veränderung des Eigenkapitals ist Umstellung im Sinne dieser Verordnung.

Bem. 1. „Umstellung" im Sinne der VO. ist jede nach § 5 vorgenommene Veränderung des Eigenkapitals (auch wenn sie freiwillig früher als vorgeschrieben vorgenommen wurde). Eine Veränderung des Eigenkapitals liegt aber durchaus nicht nur bei einer Veränderung (Erhöhung oder Ermäßigung) der Eigenkapitalsziffer vor. Auch wenn gelegentlich der Umstellung die Kapitalsziffer unverändert bleiben kann (das ist der Fall, wenn in der Goldmarkeröffnungsbilanz entweder das Goldmarkreinvermögen der Eigenkapitalsziffer gleichgestellt oder wenn der Überschuß des Goldmarkreinvermögens über das Eigenkapital im Sinne des § 5 Abs. 1 in Reserve gestellt oder endlich wenn der Überschuß des Eigenkapitals über das Goldmarkreinvermögen durch ein Kapitalentwertungskonto oder durch Zubußen der Gesellschafter ausgeglichen wird), muß unter entsprechender Abänderung der Gesellschaftssatzung die bisherige Rechnungseinheit „Mark" in „Goldmark" umgeändert werden und zwar sowohl bei der Gesamtkapitalshöhe als auch den einzelnen Gesellschaftsanteilen. Die Umstellung hat also insoweit stets den Charakter einer Statutenänderung, weshalb der Beschluß stets der für eine solche gesetzlich und satzungsgemäß erforderlichen Voraussetzungen bedarf. — Die Umstellung ist erfolgt, wenn nach Genehmigung der Goldmarkeröffnungsbilanz das Eigenkapital der Gesellschaft durch Statutenänderung auf Goldmark gestellt und die Umstellung ins Handelsregister eingetragen ist. Die Umstellung ist auch dann erfolgt, wenn zu Umstellungszwecken ein Kapitalentwertungskonto errichtet wurde und deshalb bis zu dessen Tilgung (vgl. Bem. 3 zu § 6) noch ein gewisser Sonderzustand besteht.

Bem. 2. Die Genehmigung der Goldmarkeröffnungsbilanz ist einerseits Teil der Umstellung (soweit darin bereits Umstellungsmaßregeln getroffen werden), andererseits stets deren Grundlage und notwendige Voraussetzung. Sie bedarf nicht der für eine Statutenänderung erforderlichen Mehrheit. Wird die Goldmarkeröffnungsbilanz von der Generalversammlung nicht genehmigt, so kann bis zu ihrer Genehmigung auch über die Umstellung nichts beschlossen werden (vgl. auch Bem. 4 zu § 13).

Bem. 3. Wegen der Umstellungsfrist vgl. Bem. 3 zu § 14 und Bem. 3 zu § 6.

§ 8.

Das Verhältnis der mit den Aktien und Geschäftsanteilen verbundenen Rechte zueinander wird vorbehaltlich näherer Regelung in den Durchführungsbestimmungen durch die Umstellung nicht berührt.

Bem. 1. Allgemeines. § 8 bestimmt, daß — vorbehaltlich näherer Regelung in den Durchführungsbestimmungen — durch die Umstellung das Verhältnis der mit den Aktien und Geschäftsanteilen verbundenen Rechte nicht berührt wird. Damit soll wohl ausgesprochen werden, daß sich auch gelegentlich der Umstellung keine Gruppe von Gesellschaftern gegen ihren Willen eine Verschlechterung ihrer rechtlichen Stellung zu den Mitgesellschaftern und zur Gesellschaft durch einen nur den gewöhnlichen Erfordernissen eines Statutenänderungsbeschlusses genügenden Beschluß gefallen lassen muß, daß vielmehr die gesetzlichen Bestimmungen, die sonst für einen solchen Fall gelten, auch hier Anwendung finden (vgl. § 275 HGB.). Die Umstellung kann also nicht dazu benützt werden, die Rechtsposition einer Gesellschaftergruppe (z. B. der Stammaktien zugunsten der Vorzugsaktien oder der Vorzugsaktien zugunsten der Stammaktien) auf eine gegen sonst vereinfachte Weise zu verschlechtern. Dagegen dürfte § 8 nicht dahin zu verstehen sein, daß gelegentlich der Umstellung eine Verschiebung in der Position verschiedener Arten von Gesellschaftsanteilen überhaupt unzulässig ist. Nur durch die Umstellung selbst werden die gegenseitigen Rechte der Gesellschafter nicht berührt; eine Veränderung der Rechte gelegentlich der Umstellung unter den vom Gesetz geforderten Bedingungen ist zweifellos zulässig.

Bem. 2. Die mit den Aktien und Geschäftsanteilen verbundenen Rechte. In Betracht kommen hier

a) das Stimmrecht in der Gesellschafterversammlung,
b) das Recht auf Anteil am Gewinn und endlich
c) das Recht auf Anteil am Liquidationserlös.

Ein Teil jeder Umstellung ist die Änderung des Gesellschaftsstatuts (auch wenn keine Kapitalserhöhung oder -herabsetzung erfolgt, muß ja mindestens die bisherige Bemessung des Gesellschaftskapitals und der einzelnen Anteile von „Mark" in „Goldmark" umgeändert werden). Es muß deshalb jede Gesellschaftssatzung genau daraufhin durchgeprüft werden, inwieweit sie abgeändert werden muß, um auch nach der Umstellung das bisherige Verhältnis der Rechte der Gesellschafter beizubehalten. Ein Beispiel sei angeführt: In den Satzungen einer Aktiengesellschaft findet sich hinsichtlich der mit je 100 000 M. Nennbetrag ausgegebenen Vorzugsaktien (Stimmrechtsaktien) die Bestimmung, daß je 1000 M. Nennbetrag der Vorzugsaktien 50 Stimmen gewähren. Wird nun gelegentlich der Umstellung der Nennbetrag sämtlicher Aktien auf

$^1/_{10}$ des bisherigen Betrages ermäßigt, so würde, wenn diese Bestimmung versehentlich nicht entsprechend mitgeändert würde, dadurch ohne Verminderung der Stimmenzahl der Stammaktien die Stimmenzahl der Vorzugsaktien auf $^1/_{10}$ der bisherigen Zahl sinken, das Stimmrechtsverhältnis also zuungunsten der Vorzugsaktien geändert. Der Beschluß würde also gegen § 8 VO. und gegen § 275 HGB. verstoßen und deshalb der ganze Umstellungsbeschluß vom Registergericht nicht eingetragen, so daß eine neuerliche Abhaltung der Generalversammlung erforderlich würde. Es liegt darum im Interesse jeder Gesellschaft, genau zu prüfen, welche Statutenbestimmungen gelegentlich der Umstellung abgeändert werden müssen.

Bem. 3. Stimmrechtsaktien. Die zur Abwehr innerer und äußerer Überfremdung in den letzten Jahren fast allenthalben geschaffenen Stimmrechtsaktien sind ziemlich durchwegs mit einer zwar beschränkten, aber dem Range nach der übrigen Gewinnausschüttung vorangehenden Dividende (teils auch noch mit Nachzahlungsvorrecht) ausgestattet. Das geschah aber kaum je, um den Stimmrechtsaktionären ein effektives Dividendenvorrecht zu gewähren, sondern nur, weil einerseits nach unserem Aktienrecht ein erhöhtes Stimmrecht nur möglich ist, wenn die Stimmrechtsaktien auch in sonstiger Beziehung von den übrigen Aktien unterschiedlich ausgestattet sind, andererseits dieses Dividendenvorrecht in den Inflationsjahren praktisch bedeutungslos war. Diese Situation ändert sich mit der Umstellung grundlegend, weil ein solches Golddividendenvorrecht der Stimmrechtsaktien die Stammaktien sehr leicht ganz dividendenlos machen könnte. Es ist ein nobile officium der Verwaltungen, in deren Händen oder wenigstens Verfügungsbereich die Stimmrechtsaktien sich ja durchwegs befinden, das Dividendenvorrecht der Stimmrechtsaktien bei Gelegenheit der Umstellung in einen Rücktritt dieser Aktien mit ihren (meist auch wohl noch zu reduzierenden) Dividendenansprüchen hinter die Ansprüche der übrigen Aktionäre zu verwandeln, woran § 8 VO. selbstverständlich nicht hindert. Zu einer Beseitigung des durchaus bewährten Instituts der Stimmrechtsaktien besteht dagegen meines Erachtens kein Anlaß.

§ 9.

Werden im Falle der Heraufsetzung des Betrags des Eigenkapitals (§ 5 Abs. 1) neue Aktien oder Geschäftsanteile ausgegeben, so sind diese den Gesellschaftern auf ihr Verlangen entsprechend ihrem Anteil am Eigenkapital zuzuteilen, es sei denn, daß ein Dritter die Aktien übernommen und sich dabei verpflichtet hat, sie den Aktionären zum Bezug anzubieten. Das gleiche gilt für den Fall einer Kapitalserhöhung, die während des Bestehens des Kapitalentwertungskontos beschlossen worden ist.

Bem. 1. Bezugsrecht auf Umstellungs-Gratisaktien bzw. -Geschäftsanteile. In § 5 Abs. 1 ist für den Fall, daß in der Goldmarkeröffnungsbilanz das Reinvermögen die Eigenkapitalsziffer übersteigt, als eine der beiden Umstellungsmaßregeln die Erhöhung des Eigenkapitals vorgesehen. Diese Erhöhung erfolgt, da sie ja lediglich den Reinvermögensüberschuß über die Eigenkapitalsziffer beseitigen soll, ohne Einzahlung durch die Gesellschafter, also entweder im Wege der Ausgabe von sogenannten Gratisaktien oder Gratisgeschäftsanteilen oder im Wege der einzahlungsfreien Erhöhung des Nennbetrages der ihrer Zahl nach unverändert bleibenden bisherigen Gesellschaftsanteile bzw. der weiteren Einzahlung auf nicht voll einbezahlter Gesellschaftsanteile durch die Gesellschaft (vgl. Bem. 3 Buchstabe b zu § 5).

Für den Fall nun, daß der Weg der Neuausgabe von Gesellschaftsanteilen ohne Einzahlung der Gesellschafter gewählt wird, bestimmt § 9, daß den Gesellschaftern auf ihr Verlangen die neuen Anteile entsprechend ihrem Anteil am Eigenkapital der Gesellschaft (§ 282 Abs. 1 HGB.) zugeteilt werden müssen. Das Recht auf den Bezug der neuen Gesellschaftsanteile*) kann also rechtswirksam nur dann durch den Umstellungs- (Kapitalerhöhungs-)Beschluß ausgeschlossen werden, wenn sämtliche vorhandenen (nicht nur die bei der Beschlußfassung vertretenen) Gesellschafter zustimmen. Eine Ausnahme von diesem Verbot des Ausschlusses des Bezugsrechtes der Gesellschafter ist nur für den Fall des lediglich formellen Bezugsrechtsausschlusses gemacht. Zur Vereinfachung des Verfahrens ist es nämlich seit Jahren üblich geworden, auch dann, wenn sämtliche neuen Gesellschaftsanteile den bisherigen Gesellschaftern im Verhältnis ihres Anteiles am Gesellschaftskapital zugeteilt werden sollen, unter Ausschluß des gesetzlichen Bezugsrechtes der Aktionäre die sämtlichen neuen Anteile von einer einzigen Stelle (Bank, Konsortium) übernehmen zu lassen, wobei sich diese Stelle verpflichten muß, die so übernommenen Anteile dann den Gesellschaftern entsprechend zum Bezuge anzubieten. Dieses Verfahren, das an die Stelle des gesetzlichen zum Zwecke der Vereinfachung des Verfahrens ein vertragliches Bezugsrecht setzt, ist auch bei der Gratisaktienausgabe üblich. Mit Recht hat deshalb die Verordnung diesen nur formalen Ausschluß des gesetzlichen unmittelbaren Bezugsrechtes der Aktionäre für zulässig erklärt.

Bem. 2. Bezugsrecht auf neue Aktien oder Geschäftsanteile während des Bestehens des Kapitalentwertungskontos. Das gleiche Verbot des materiellen Ausschlusses des Bezugsrechtes der bisherigen Gesellschafter (bzw. die Schaffung eines bisher gar nicht bestehenden Bezugsrechtes für die Gesellschafter einer GmbH.) bringt § 9 Satz 2 auch für den Fall, daß während des Bestehens eines Kapitalentwertungskontos eine Kapitalserhöhung beschlossen wird. Hier, wo es sich nicht wie bei dem in Bem. 1 behandelten Tatbestand um Gratisanteile, sondern um die normale Kapitalserhöhung zum Zwecke der Geldbeschaffung handelt, war diese Fürsorge für den Kleinaktionär weniger nötig. Das „Recht" des bisherigen Gesellschafters, erhebliche Mittel für den Erwerb neuer Anteile aufwenden zu dürfen, wird den Kleinaktionär unter Umständen viel mehr aus seiner Gesellschafterposition drängen als es bei anderweiter Unterbringung der neuen Anteile der Fall wäre. Es ist aber vielleicht auch ganz gut, wenn

*) Da im deutschen GmbH.-Gesetze den bisherigen Gesellschaftern ein gesetzliches Bezugsrecht auf neue Anteile für den Fall der Kapitalserhöhung nicht gewährt ist, so hat für die Gesellschafter von GmbH.s der § 9 der VO. die Bedeutung der Neuschaffung eines solchen Bezugsrechtes für die bestimmten Fälle.

die deutschen Aktien wieder mehr aus den zahllosen Händen kapitalschwacher Kleinaktionäre und Pfennigspekulanten in den Besitz leistungsfähiger Kreise gelangen.

§ 10.

(1) Nach der Umstellung muß der Betrag des Eigenkapitals einer Aktiengesellschaft oder einer Kommanditgesellschaft auf Aktien mindestens fünftausend Goldmark, der einer Gesellschaft mit beschränkter Haftung mindestens fünfhundert Goldmark betragen.

(2) Bei der Umstellung einer Aktiengesellschaft oder einer Kommanditgesellschaft auf Aktien müssen die Aktien und Interimsscheine auf einen Betrag von mindestens einhundert Goldmark, im Falle des § 180 Abs. 3 des Handelsgesetzbuchs auf einen Betrag von mindestens zwanzig Goldmark gestellt werden. Im Falle des § 180 Abs. 2 des Handelsgesetzbuchs kann ein Mindestbetrag von zwanzig Goldmark zugelassen werden.

(3) Bei der Umstellung einer Gesellschaft mit beschränkter Haftung muß die Stammeinlage jedes Gesellschafters auf mindestens fünfzig Goldmark gestellt werden.

Bem. 1. Mindestkapital der umgestellten Kapitalgesellschaften. Im Gegensatz zu dem Mindestkapital der nach Inkrafttreten der VO. neu errichteten Kapitalgesellschaften (AG., KAG. 50 000 GM., GmbH. 5000 GM.) ist das Mindestkapital der umgestellten Gesellschaften auf nur $^1/_{10}$ dieser Beträge, also bei AG. und KAG. 5000 GM., bei der GmbH. auf 500 GM. festgesetzt worden. Es ist das eine wesentliche Begünstigung der bestehenden Gesellschaften, durch die selbst der Mantel einer vollkommen vermögenslosen bestehenden Gesellschaft einen relativ beträchtlichen Wert erhält (weil er dem Erwerber die hohen Errichtungskosten erspart).

Die Mindestgrenze für das Kapital einer umgestellten Gesellschaft beeinflußt natürlich gegebenenfalls die Wahl der Umstellungsmittel. Nehmen wir an, daß eine mit 100 000 M. Stammkapital (dargestellt durch zwei Geschäftsanteile à 50 000 M.) ausgestattete GmbH. laut Goldmarkeröffnungsbilanz ein Reinvermögen von 100 GM. besitzt. Da die Mindestgrenze für den Nennbetrag eines GmbH.-Anteiles bei der umgestellten Gesellschaft 50 GM. ist, stünde an sich nichts im Wege, die Umstellung so zu machen, daß der Nennbetrag jedes Geschäftsanteils von 50 000 M. auf 50 GM. herabgesetzt wird. Da das aber eine Herabsetzung des Gesellschaftskapitals auf 100 GM. bedeuten würde, während die Mindestgrenze für das GmbH.-Kapital 500 GM. beträgt, so ist dieser Weg der Umstellung unmöglich. Es kann nur höchstens eine Herabsetzung des Nennbetrages der beiden Geschäftsanteile auf je 250 GM., also eine Herabsetzung des Kapitals auf 500 GM. durchgeführt werden und es muß die restliche Differenz zwischen dem Reinvermögen von 100 GM. und dem umgestellten Gesellschaftskapital von 500 GM. entweder durch Errichtung eines Kapitalentwertungskontos oder durch

Einforderung von Nachschüssen der Gesellschafter in Höhe von 400 GM. ausgeglichen werden.

Bem. 2. Mindestnennbetrag der Aktien einer umgestellten Gesellschaft. Der bisherige Mindestnennbetrag einer normalen Aktie (nach § 180 Abs. 1 HGB. 1000 M.) ist für die umgestellte Gesellschaft auf 100 GM. festgesetzt (ebenso übrigens für jede unter der Geltung der VO. neu errichtete AG. und KAG., vgl. § 17 VO.).

Für Namensaktien, deren Übertragung an die Zustimmung der Gesellschaft gebunden ist, betrug bisher nach § 180 Abs. 3 HGB. der Mindestnennbetrag (ohne besondere Genehmigung) 200 M. Diese Grenze ist für die umgestellte AG. und KAG. auf 20 GM. festgesetzt worden (ebenso wiederum § 17 VO. für neugegründete Gesellschaften).

Endlich konnte bisher nach § 180 Abs. 2 HGB. für gemeinnützige Unternehmungen im Falle eines besonderen örtlichen Bedürfnisses der Reichsrat (früher Bundesrat) die Ausgabe von Namensaktien im Nennbetrag von niedrigstenfalls 200 M. zulassen und die gleiche Genehmigung auch erteilen, wenn für ein Unternehmen das Reich, ein Bundesstaat (jetzt Land) oder ein Kommunalverband oder eine sonstige öffentliche Körperschaft auf die Aktien einen bestimmten Ertrag bedingungslos und ohne Zeitbeschränkung gewährleistet hat. Für solche Aktien einer umgestellten Gesellschaft ist die Mindestgrenze des Nennbetrages gleichfalls auf 20 GM. herabgesetzt worden (vgl. auch hiezu § 17, der die gleiche Regelung für Neugründungen trifft).

Bem. 3. Mindestnennbetrag einer Stammeinlage bei einer umgestellten GmbH. Der Nennbetrag einer Stammeinlage einer GmbH. darf gelegentlich der Umstellung nicht unter 50 GM. herabgesetzt werden. Das GmbHG. hat zwar im § 5 für den Fall der Errichtung einer GmbH. eine Mindestgrenze von 500 M. für eine Stammeinlage (sowie Teilbarkeit ihres Betrages durch 100) vorgeschrieben, jedoch in § 58 Abs. 2 bei Regelung der Kapitalsherabsetzung die Einhaltung dieser Vorschrift nur für gewisse hier nicht vorliegende Fälle (wenn die Kapitalherabsetzung zum Zwecke der Zurückzahlung von Stammeinlagen oder zum Zwecke des Erlasses der auf diese geschuldeten Einzahlungen erfolgt) vorgeschrieben. Ohne die Vorschrift des § 10 hätte deshalb gelegentlich der Umstellung (solange nur die Mindestgrenze für das Stammkapital gewahrt blieb) jede Stammeinlage auf beliebig kleine Beträge heruntergesetzt werden können, was im Interesse des Rechtsverkehrs mit Recht verhindert worden ist. — Auf spätere Kapitalsherabsetzungen wirkt allerdings die Vorschrift des § 10 nicht mehr.

Bem. 4. Runde Nennbeträge nicht vorgeschrieben. Das HGB. schreibt für die einzelne Aktie zwar einen Mindestnennbetrag vor, aber nicht daß der diese Grenze wahrende Nennbetrag eine runde Summe sein müsse (etwa durch 100 teilbar). Auch die VO. hat derartiges nicht vorgeschrieben, so daß also — sofern nur die Mindestgrenze des § 10 gewahrt ist — bei der Umstellung die einzelne Aktie auf jeden beliebigen Nennbetrag gestellt werden kann, z. B. 210 GM. (= 50 Dollar) oder 420 GM. (= 100 Dollar) usw. Im GmbHG. ist dagegen für den Fall der Errichtung einer GmbH. nicht nur eine Mindestgrenze für den Betrag der einzelnen Stammeinlage (500 M.), sondern auch weiter vorgeschrieben, daß der Betrag jeder Stammeinlage durch 100 teilbar sein muß. Für den Fall einer Kapitalsherabsetzung durch Herabsetzung des

Nennbetrages der einzelnen Stammeinlage ist jedoch, wie bereits in Bem. 3 ausgeführt, die Wahrung eines durch 100 teilbaren Betrages der einzelnen Stammeinlage nur bei gewissen Herabsetzungszwecken vorgeschrieben, die bei der zu Umstellungszwecken erfolgenden Kapitalsherabsetzung nicht gegeben sind, so daß also bei dieser Gelegenheit die einzelne Stammeinlage auf jeden nicht unter 50 GM. liegenden Goldmarkbetrag gestellt werden kann.

§ 11.

Eine Verminderung der Zahl der Aktien oder Geschäftsanteile aus Anlaß der Umstellung einer Aktiengesellschaft, einer Kommanditgesellschaft auf Aktien oder einer Gesellschaft mit beschränkter Haftung ist nur insoweit zulässig, als ohne sie die im § 10 für Aktien oder Geschäftsanteile vorgeschriebene Mindestgrenze nicht eingehalten werden könnte.

Bem. 1. Bedingtes Verbot der Aktienzusammenlegung. Die nicht ohne weiteres unmißverständliche Vorschrift bezweckt den Schutz der Kleinaktionäre, die nicht ohne zwingende Notwendigkeit unter dem Vorwand der Umstellung aus ihrem Aktienbesitz verdrängt werden sollen. — Wenn das Goldmarkreinvermögen einer Gesellschaft 1 000 000 und das Eigenkapital 10 000 000 beträgt, so wäre es nach § 11 nicht zulässig, die Herabsetzung des Aktienkapitals in der Weise vorzunehmen, daß die Aktien im Verhältnis von 10:1 zusammengelegt werden (also gegen Einreichung von 10 Aktien zu je 1000 M. Nennbetrag eine neue Aktie zu 1000 M. Nennbetrag ausgehändigt wird); denn auf diese Weise würde jeder Aktionär, der weniger als 10 Stück Aktien besitzt und nicht in der Lage ist, sich die bis zu 10 fehlenden Stücke hinzuzukaufen, gezwungen, seine Aktien — naturgemäß unter ungünstigsten Kursverhältnissen — zu verkaufen. Soll in diesem Fall die Umstellung allein auf dem Wege der Kapitalsherabsetzung gemacht werden, so muß der Weg gewählt werden, den Nennbetrag jeder Aktie von 1000 M. auf 100 GM. zu ermäßigen, wodurch ja ebenfalls die Herabsetzung des Aktienkapitals auf $^1/_{10}$ des bisherigen Betrages erreicht wird. (Zur Kostenersparung werden naturgemäß in einem solchen Fall regelmäßig nicht neue Aktienurkunden ausgegeben, sondern die alten Urkunden nur entsprechend überdruckt oder überstempelt.)

Komplizierter ist das Verbot des § 11 zu verstehen, wenn zur Beseitigung der Differenz zwischen Goldmarkreinvermögen und der größeren Eigenkapitalsziffer die Ermäßigung des Aktiennennbetrages auf die Mindesthöhe nicht ausreicht. So soll z. B. das Reinvermögen einer Gesellschaft in der Goldmarkeröffnungsbilanz 500 000 GM., die Eigenkapitalsziffer aber 10 000 000 betragen und sollen die Aktien sämtlich auf 1000 M. lauten. Hier beträgt die zu beseitigende Differenz 9 500 000, wovon nur der Teilbetrag von 9 000 000 durch Kapitalsherabsetzung im Wege der Herabsetzung des Aktiennennbetrages von 1000 M. auf 100 GM. beseitigt werden kann. Darf jetzt diese restliche Differenz von 500 000 durch Zusammenlegung der auf den Mindestnennbetrag reduzierten Aktien (von insgesamt 1 000 000 Nennbetrag auf 500 000) im

Verhältnis von 2:1 beseitigt werden oder ist das im Sinne des § 11 auch jetzt noch unzulässig, weil die Differenz auch durch andere Umstellungsmittel (z. B. Errichtung eines Kapitalentwertungskontos in Höhe von 500 000) beseitigt werden könnte? Mit anderen Worten: Ist zu Zwecken der Umstellung eine Aktienzusammenlegung immer erst dann möglich, wenn und soweit andere Umstellungsmittel gesetzlich überhaupt nicht zur Verfügung stehen? Die Antwort hierauf ergibt sich aus folgender Erwägung. Der bisherige Mindestnennbetrag einer Aktie für den Normalfall war 1000 M., für gewisse Ausnahmefälle 200 M., die jetzigen Mindestgrenzen sind 100 bzw. 20 GM. Durch Herabsetzung des Aktiennennbetrages kann also (von wenigen altrechtlichen Ausnahmen abgesehen) das Eigenkapital zu Umstellungszwecken stets auf 10% seiner bisherigen Höhe herabgesetzt werden. Andererseits darf das Kapitalentwertungskonto bis zu 90% des bisherigen Eigenkapitalsbetrages gehen. Damit wäre also (selbst z. B. beim Vorhandensein alter Kleinaktien zu 300 M., die nur auf $^1/_3$ ihres bisherigen Nennbetrages herabgesetzt werden können) für a l l e Fälle die Möglichkeit gegeben, die Differenz zwischen Goldmarkreinvermögen und Eigenkapital restlos auch ohne Aktienzusammenlegung zu beseitigen. Hätte der Gesetzgeber also hier auch an die Heranziehung der anderen Umstellungsmittel (Errichtung des Kapitalentwertungskontos oder Einforderung neuer Einlagen) gedacht, so hätte er eine Verminderung der Aktienzahl zu Umstellungszwecken schlechthin für unzulässig erklären müssen. Nachdem er aber diese Verminderung der Aktienzahl ausdrücklich für in beschränktem Umfange z u l ä s s i g („nur insoweit zulässig ....") erklärt hat, kann er h i e r eine Berücksichtigung der Möglichkeit zur Verwendung der anderen Umstellungsmittel nicht gewollt haben. Die Bedeutung des § 11 kann also wohl nur folgende sein: Zu Zwecken der Umstellung darf eine Herabsetzung des Aktienkapitals i m W e g e d e r A k t i e n z u s a m m e n l e g u n g nur dann erfolgen, wenn gleichzeitig (richtiger: vorher) die Aktien auf ihren Mindestnennbetrag herabgesetzt werden, und nur insoweit, als die durch Herabsetzung des Aktiennennbetrages erfolgende Kapitalsherabsetzung zur Beseitigung der Differenz zwischen Goldmarkreinvermögen und Eigenkapitalsziffer nicht ausreicht. Die Generalversammlung verletzt also den § 11 VO. n i c h t, wenn sie außer einer Herabsetzung des Aktiennennbetrages von 1000 M. auf 100 GM. zur Beseitigung jener Differenz auch noch eine Zusammenlegung der Aktien vornimmt, trotzdem sie die über 90% des bisherigen Eigenkapitals hinausgehende Differenz auch durch Errichtung eines Kapitalentwertungskontos oder durch Einforderung von neuen Einlagen beseitigen könnte. — Eine Aktienzusammenlegung kann also z u U m s t e l l u n g s z w e c k e n nur dann vorkommen, wenn die zusammenzulegenden Aktien gleichzeitig auf ihren Mindestnennbetrag herabgesetzt werden.

Bem. 2. U n a n w e n d b a r k e i t d e s § 11. Nicht gehindert ist selbstverständlich eine Gesellschaft an einer nur g e l e g e n t l i c h d e r U m s t e l l u n g erfolgenden Aktienzusammenlegung, die also a n d e r e n Zwecken dient als der Beseitigung der in der Goldmarkeröffnungsbilanz ausgewiesenen Differenz zwischen der größeren Eigenkapitalsziffer und dem kleineren Goldmarkreinvermögen. Wenn z. B. eine Gesellschaft ein Eigenkapital von 1 000 000 und ein Goldmarkreinvermögen von 500 000 besitzt, so ist zu Umstellungszwecken lediglich eine Herabsetzung des Kapitals von 1 000 000 auf 500 000 unter Herabsetzung des Aktiennennbetrages von 1000 auf 500 erforderlich. Nun benötigt aber die Gesellschaft für ihren Geschäftsbetrieb nur 100 000 GM. und will deshalb die überflüssigen 400 000 GM. an ihre Aktionäre zur Rückzahlung bringen. Hier steht selbstverständlich nichts im Wege, wenn die Generalversammlung gelegentlich der Umstellung neben der Umstellungszwecken dienenden Herabsetzung des Kapitals auf die Hälfte (unter Reduzierung des Aktiennennbetrages auf die Hälfte) weitergehend das Kapital unter Zusammenlegung der nunmehr auf 500 GM. lautenden Aktien im Verhältnis von 5:1 auf 100 000 GM. herabsetzt. Eine solche Herabsetzung verletzt also den § 11 VO. nicht, trotzdem die Möglichkeiten einer Reduzierung des Aktiennennbetrages nicht voll ausgenützt sind, weil eben die weitergehende Kapitalsherabsetzung nur zufällig mit der Umstellungsaktion zusammentrifft, selbst aber kein Teil der Umstellung ist. Es liegt auch kein Anwendungsfall des § 12 vor, weil die Hinauszahlung der 400 000 GM. nicht „aus Anlaß" der Umstellung, sondern nur gelegentlich der Umstellung beschlossen wird.

§ 12.

Soweit aus Anlaß der Umstellung einer Aktiengesellschaft, einer Kommanditgesellschaft auf Aktien oder einer Gesellschaft mit beschränkter Haftung Zahlungen an die Gesellschafter zu erfolgen haben, sind ihnen auf Antrag auf den Inhaber lautende Genußscheine in Höhe ihres Zahlungsanspruchs auszuhändigen. Die Genußscheine gewähren kein Stimmrecht, jedoch einen Anspruch auf entsprechende Beteiligung am Reingewinn der Gesellschaft und im Falle der Auflösung der Gesellschaft einen Anspruch in bezug auf das zu verteilende Gesellschaftsvermögen. Die Beteiligung am Reingewinne darf durch Kapitalserhöhungen nicht verkürzt werden. Die Genußscheine können unter Einhaltung einer Kündigungsfrist von drei Monaten von der Gesellschaft frühestens zum Ablauf des dritten auf die Ausstellung folgenden Geschäftsjahrs, von dem Inhaber zum Schlusse eines jeden Geschäftsjahrs gekündigt werden. Die Ausgabe der Genußscheine bedarf nicht der staatlichen Genehmigung.

Bem. 1. Zahlungen an die Gesellschafter aus Anlaß der Umstellung einer Kapitalsgesellschaft. Es widerspricht dem ganzen von der Verordnung aufgebauten System der Umstellung, daß hiebei Zahlungen an die Gesellschafter einer Kapitalsgesellschaft durch diese erfolgen. Denn nach § 5 hat gerade in den Fällen, wo eine Herauszahlung an die Gesellschafter am nächstliegenden wäre (wenn nämlich das Goldmarkreinvermögen die Eigenkapitalsziffer übersteigt), eine solche Herauszahlung nicht stattzufinden, sondern der Überschußbetrag des Goldmarkreinvermögens ist entweder in Reserve zu stellen oder zu einer einzahlungsfreien Kapitalserhöhung zu verwenden. Auf diesen Tatbestand kann also § 12 keine Anwendung finden. Wird in der Eröffnungsbilanz das Goldmarkreinvermögen der Eigenkapitalsziffer gleichgestellt, so fehlt wiederum jeder Anlaß, zwecks Umstellung Zahlungen an die Gesellschafter zu machen. Es bleibt also nur der Tatbestand, bei dem im allgemeinen eine Hinauszahlung an die Gesellschafter am wenigsten angebracht sein und vorkommen dürfte, daß nämlich das Goldmarkreinvermögen kleiner ist als die Eigenkapitalsziffer. Von den hier möglichen Fällen scheidet ganz selbstverständlich einmal jener aus, daß die Differenz durch Zuzahlungen der Gesellschafter beseitigt wird. Ebenso muß auch ausscheiden der Fall, daß die Differenz durch Errichtung eines Kapitalentwertungskontos ausgeglichen wird. So kann als einziger Fall von Herauszahlungen der Gesellschaft an die Gesellschafter nur jener in Betracht kommen, daß die erwähnte Differenz durch eine Kapitalsherabsetzung beseitigt wird, die Kapitalsherabsetzung aber aus technischen Gründen etwas weiter geht, als es allein die Differenz zwischen Goldmarkreinvermögen und Eigenkapitalsziffer erfordern würde. Z. B. das Goldmarkreinvermögen beträgt 1000000, das Grundkapital 9000000, die Differenz also 8000000. Da nun aber eine Herabsetzung des Eigenkapitals von 9000000 auf 1000000 hier zufolge § 11 nur durch Herabsetzung des Nennbetrages der einzelnen Aktie von 1000 M. auf 111,11 GM. erfolgen könnte, was unzweckmäßig erscheint, wird das Aktienkapital etwas weitergehend von 9000000 auf 900000 herabgesetzt durch Verminderung des Nennbetrages der einzelnen Aktie von 1000 M. auf 100 GM. Dadurch wird also bei der Umstellung das Eigenkapital um 100000 GM. niedriger als das Goldmarkreinvermögen. Deshalb könnte gelegentlich der Umstellung beschlossen werden, diesen Betrag — nach Ablauf des Sperrjahres! — anteilig den Aktionären hinauszuzahlen, so daß auf eine bisherige 1000 M.-Aktie ein Betrag von 11,11 GM. entfiele. Für einen solchen Fall ist § 12 anzuwenden. Ich halte es aber nicht nur für zulässig, sondern auch für wesentlich richtiger, wenn eine Gesellschaft bei solcher Situation nicht den Spitzenbetrag ausschüttet, sondern die 100000 GM. so bilanzmäßig sich ergebenden Reinvermögensüberschuß der Reserve zuführt.

Bem. 2. Genußscheine an Stelle der Herauszahlung. Hat aus Anlaß der Umstellung eine Herauszahlung an den Gesellschafter einer Kapitalsgesellschaft zu erfolgen, so hat dieser das Recht, statt der Auszahlung des ihm zukommenden Geldbetrages die Aushändigung eines über den gleichen Betrag lautenden Genußscheines zu verlangen. Diese „Umstellungsgenußscheine" haben folgende Eigenschaften:

a) Sie lauten auf den Inhaber, sind also frei übertragbar und nicht an den Gesellschaftsanteil gebunden.

b) Sie gewähren kein Stimmrecht, gewähren also ihrem Inhaber nicht die Qualität eines Gesellschafters.

c) Sie gewähren Anspruch auf „entsprechende" Beteiligung am Reingewinn der Gesellschaft. Das ist wohl so zu verstehen, daß, soweit die General- oder Gesellschafterversammlung überhaupt eine Gewinnausschüttung beschließt, auf den Nennbetrag der Genußscheine der gleiche Prozentsatz ausgeschüttet werden muß, wie auf den Nennbetrag der Aktien. Wie es dann aber bei mehreren verschieden hoch gewinnanteilberechtigten Aktiengattungen zu halten ist, geht daraus nicht hervor. — Die Beteiligung am Reingewinn der Gesellschaft darf durch Kapitalserhöhungen nicht verkürzt werden.

Die praktische Durchführung dieser Bestimmung läßt sich wohl am besten an einem **Beispiel** erläutern. Es besteht (wenn wir die in Bem. 1 angeführten Zahlen verwenden) nach der Umstellung neben einem Eigenkapital von 900 000 GM. ein Gesamtbetrag solcher Genußscheine von 100 000 GM. Darnach muß von dem gesamten Gewinnausschüttungsbetrag immer $^1/_{10}$ auf die Genußscheine (solange sie noch alle vorhanden sind) treffen. Wenn also 50 000 GM. ausgeschüttet werden, erhalten davon die 900 000 GM.-Aktien 45 000 GM., die Umstellungsgenußscheine aber 5000 GM. Wird nun das Eigenkapital von 900 000 GM. auf 1 800 000 GM. erhöht und soll dann ein Betrag von 100 000 GM. ausgeschüttet werden, so muß davon $^1/_{10} = 10\,000$ GM. auf die Genußscheine ausgeschüttet werden, der Rest auf das erhöhte Aktienkapital. Hat sich inzwischen die Zahl der Genußscheine durch Kündigung (vgl. unten e und f) vermindert, so vermindert sich natürlich entsprechend auch der Gesamtanteil des Genußscheinkapitals an der Gewinnausschüttung. — Ob der Genußscheininhaber eine „entsprechende" Gewinnausschüttung auch dann verlangen kann, wenn die Generalversammlung im Widerspruch zu ihrer gesetzlichen durch das Statut nicht beseitigten Pflicht zur Gewinnausschüttung die ganze oder teilweise Reservierung des Gewinnes beschlossen hat, der **Aktionär** also ein Anfechtungsrecht nach § 271 Abs. 3 Satz 2 HGB. hätte, ist durchaus zweifelhaft.

d) Sie gewähren im Falle der **Auflösung der Gesellschaft** „einen Anspruch in bezug auf das zu verteilende Gesellschaftsvermögen". Ob sich der Anspruch auf den Nennbetrag des Genußscheines beschränkt oder auch anteilig auf den den gesamten Nennbetrag der Aktien und Genußscheine übersteigenden Liquidationserlös erstrecken soll, sagt § 12 nicht. Es dürfte das erstere anzunehmen sein.

e) Sie sind **kündbar seitens der Gesellschaft** frühestens zum Ablauf des 3. auf die Ausstellung folgenden Geschäftsjahres unter Einhaltung einer Kündigungsfrist von 3 Monaten.

f) Sie sind **kündbar seitens des Inhabers** zum Schluß eines jeden Geschäftsjahres unter Einhaltung einer Kündigungsfrist von 3 Monaten.

g) Die Ausgabe der Genußscheine bedarf **nicht** der staatlichen Genehmigung (§ 795 BGB.).

h) Die Ausgabe der Genußscheine unterliegt nach § 19 Abs. 4 VO. **nicht** der Kapitalverkehrssteuer.

§ 13.

(1) Bei Aktiengesellschaften haben die Mitglieder des Aufsichtsrats die Eröffnungsbilanz und den Hergang der Umstellung zu prüfen. Über die Prüfung ist der Generalversammlung von dem Vorstand und dem Aufsichtsrate schriftlich Bericht zu erstatten. In dem Berichte sind die wesentlichen Umstände darzulegen, die für die Bewertung der im § 261 Nr. 1 bis 3 des Handelsgesetzbuchs bezeichneten Gegenstände maßgebend gewesen sind.

(²) Die Generalversammlung kann mit einfacher Stimmenmehrheit die Bestellung von Revisoren zur Prüfung der Eröffnungsbilanz oder zur Prüfung des Herganges der Umstellung beschließen. Ist in der Generalversammlung ein Antrag auf Bestellung von Revisoren zur Prüfung der Eröffnungsbilanz oder zur Prüfung des Herganges der Umstellung abgelehnt worden, so können auf Antrag von Aktionären, deren Anteile zusammen den zehnten Teil des Grundkapitals erreichen, Revisoren durch das Gericht, in dessen Bezirk die Gesellschaft ihren Sitz hat, ernannt werden. Die Vorschriften des § 266 Abs. 2, Abs. 3 Satz 2, Abs. 4 Satz 1 sowie des § 267 des Handelsgesetzbuchs finden Anwendung.

(³) Diese Vorschriften gelten für die Kommanditgesellschaften auf Aktien mit der Maßgabe, daß die Berichterstattung (Abs. 1 Satz 2) durch die persönlich haftenden Gesellschafter zu erfolgen hat.

Bem. 1. Schutz der Aktionäre gelegentlich der Umstellung. § 13 trifft eine Reihe von Sicherheitsmaßnahmen, um die Aktionäre (nicht auch die Gesellschafter einer GmbH.) vor Schaden durch unzuverlässiges Arbeiten der Verwaltungsorgane gelegentlich der Umstellung zu bewahren. Diese Sicherheitsmaßnahmen sind folgende:

a) Prüfung durch Aufsichtsrat. Die Mitglieder des Aufsichtsrats haben die Eröffnungsbilanz und den Hergang der Umstellung zu prüfen.

b) Schriftliche Berichterstattung durch Vorstand und Aufsichtsrat. Über die Prüfung ist der Generalversammlung ein schriftlicher Bericht des Vorstandes (bei der KAG. der persönlich haftenden Gesellschafter) und des Aufsichtsrates zu erstatten. In dem Bericht sind die wesentlichen Umstände darzulegen, welche für die Bewertung der im § 261 Ziff. 1 bis 3 HGB. bezeichneten Gegenstände maßgebend gewesen sind.

c) Revisorenbestellung durch Generalversammlung. Die Generalversammlung kann mit einfacher Stimmenmehrheit die Bestellung von Revisoren zur Prüfung der Eröffnungsbilanz oder zur Prüfung des Herganges der Umstellung beschließen.

d) Revisorenbestellung durch Registergericht. Ist ein Antrag auf Bestellung von Revisoren (oben c) von der Generalversammlung abgelehnt worden, so kann auf Antrag einer Aktionärminderheit, welche zusammen über mindestens 10% des Grundkapitals verfügt, die Bestellung von Revisoren durch das zuständige Registergericht erfolgen. § 262 Abs. 2, Abs. 3 Satz 2, Abs. 4 Satz 1 und § 267 HGB. sind anwendbar.

Bem. 2. Prüfung durch Aufsichtsrat. Daß die Aufstellung des von der Generalversammlung zu genehmigenden Goldmarkeröffnungsbilanzentwurfs auf der Grundlage der Goldmarkinventur vom Aufsichtsrat genauestens zu überprüfen ist, ist eine Selbstverständlichkeit, die auch ohne ausdrückliche Vorschrift auf Grund des § 246 HGB. nicht zweifelhaft gewesen wäre. Der Aufsichtsrat wird aufs genaueste sein Augenmerk darauf zu richten haben, daß das Goldmarkinventar zunächst einmal hinsichtlich der Gegenstände und Quantitäten zuverlässig aufgestellt ist, sodann daß der Wertansatz nicht die soliderweise zu verantwortende Höhe übersteigt. Da unter Umständen mancher Gesellschaftsvorstand den durch schlechtes Wirtschaften in den letzten Jahren verschuldeten Kapitalschwund durch Höherbewertung der Aktiven oder zu niedrigen Ansatz der Verbindlichkeiten zu verdecken suchen wird, ist hier besondere Aufmerksamkeit am Platze. Die Aufhebung der Maximalgrenzen des § 261 Ziff. 1 bis 3 HGB. und § 42 Ziff. 1 GmbHG. für die Eröffnungsbilanz bringt die Gefahr unsolider Bilanzierung hier besonders nahe. —

Was die „Prüfung des Herganges der Umstellung" durch den Aufsichtsrat anlangt, so kann es sich in diesem Zeitpunkt lediglich um die Prüfung des vom Vorstand auszuarbeitenden und der Generalversammlung erst zur Genehmigung vorzulegenden Umstellungs**planes** handeln. Nicht der Hergang selbst, sondern erst der Plan für den künftigen Hergang kann in diesem Stadium vom Aufsichtsrat geprüft werden. (Darüber hinaus hat der Aufsichtsrat selbstverständlich auch nach Genehmigung der Umstellung durch die Generalversammlung die Pflicht zur Überwachung der Ausführung dieses Planes. Wenn § 13 hievon auch ausdrücklich nichts besagt, so ist das doch wiederum aus § 246 HGB. heraus zweifelsfrei.) — Die Prüfung des geplanten Umstellungsherganges hat sich insbesondere auf die nach Lage der Verhältnisse günstigste Wahl der verschiedenen Umstellungsmittel zu erstrecken (vgl. die Erläuterungen zu § 5 VO.).

Bem. 3. Schriftliche Berichterstattung durch Vorstand und Aufsichtsrat an die Generalversammlung. „Schriftlich" bedeutet selbstverständlich nicht „handschriftlich", sondern nur den Gegensatz von „mündlich", so daß jede Art von Schrift (Hand-, Schreibmaschinen-, Druckschrift) genügt. Da die Verordnung dem Aufsichtsrat die Prüfung des Gründungsplanes und damit dem Vorstand dessen Aufstellung zuweist (selbstverständlich wird praktisch der Plan meist im Zusammenwirken von Vorstand und Aufsichtsrat aufgestellt werden), so wird sich der schriftliche Bericht praktisch so darstellen, daß der Vorstand auf der Grundlage des gleichzeitig der Generalversammlung unterbreiteten und entsprechend zu erläuternden Goldmarkeröffnungsbilanzentwurfs den Umstellungsplan darlegt und erklärt, während anschließend der Aufsichtsrat das Ergebnis seiner Prüfung hinsichtlich Eröffnungsbilanz, Wertansatz und Umstellungsplan darlegt und beide der Generalversammlung zur Annahme empfiehlt. Zweckmäßig werden sowohl der Eröffnungsbilanzentwurf wie auch der Bericht des Vorstandes und Aufsichtsrates in den alljährlichen Geschäftsbericht für das der Umstellung vorangehende Geschäftsjahr mit aufgenommen (da ja auch für die Eröffnungsbilanz des § 2 VO. die Vorschriften der §§ 260 Abs. 3 und 263 HGB. gelten), so daß die gleiche Generalversammlung über den letzten Papiermarkabschluß und die Goldmarkeröffnungsbilanz samt Umstellung beschließen kann. Selbstverständlich ist dementsprechend auch dann die Ladung zu dieser Generalversammlung und die Abfassung der Tagesordnung zu gestalten.

Bem. 4. Bestellung von Revisoren durch die Generalversammlung. Für diesen Beschluß genügt einfache Mehrheit, auch wenn nach der Satzung für sämtliche Beschlüsse irgendeine erhöhte Mehrheit vorgeschrieben sein sollte. Von den unten Bem. 5 im Wortlaut wiedergegebenen als anwendbar erklärten Vorschriften des HGB. kommt hier § 267 Abs. 1 und 2 in Betracht. — Hat die Generalversammlung Revisoren bestellt, so kann natürlich hinsichtlich der Umstellung weiteres erst nach Durchführung der Revision beschlossen werden. Der Vorstand muß gegebenenfalls gemäß § 2 Abs. 2 VO. beim Registergericht um Fristverlängerung nachsuchen. — Werden die Revisoren nur zur Prüfung des Umstellungsherganges, nicht auch zur Prüfung der Eröffnungsbilanz bestellt, so kann gleichwohl über die Eröffnungsbilanz noch nichts beschlossen werden, weil sie einzelne Umstellungsmaßregeln mitenthalten kann und deshalb ihre Gestaltung nur im Zusammenhang mit dem ganzen Umstellungshergang beschlossen werden kann. Werden die Revisoren nur für die Eröffnungsbilanz, nicht auch für die Prüfung des Umstellungsherganges bestellt, so kann gleichwohl auch über die Umstellung noch nichts beschlossen werden, weil sie zur unumgänglich notwendigen Voraussetzung und teilweise auch zum Bestandteil die Eröffnungsbilanz hat.

Bem. 5. Bestellung von Revisoren durch das Registergericht. Hat die Generalversammlung die Bestellung von Revisoren **abgelehnt** (bei Stimmengleichheit liegt keine Mehrheit vor, ist der Antrag also abgelehnt), so **kann** (nicht **muß**) das Registergericht auf Antrag von Aktionären, deren Anteile zusammen 10% des Grundkapitals erreichen, Revisoren zur Prüfung der Eröffnungsbilanz oder zur Prüfung des Gründungsherganges bestellen. Die Aktionäre müssen nicht etwa mit den Antragstellern der Generalversammlung identisch sein. In welchem Falle das Registergericht dem Antrag stattzugeben hat, ist in der VO. nicht bestimmt (die Bestimmung in § 266 Abs. 3 Satz 1 HGB. ist nicht für anwendbar erklärt). Wenn nicht die Durchführungsbestimmungen hier noch besonderes vorschreiben, wird die Entscheidung in das pflichtgemäße Ermessen des Registerrichters zu stellen sein. Wenn der Revisorenbericht erstattet ist, hat die Generalversammlung neuerlich über Eröffnungsbilanz und Umstellung zu beschließen. Die von der Verordnung für anwendbar erklärten Bestimmungen des HGB. lauten:

§ 266 Abs. 2 HGB.

Ist in der Generalversammlung ein Antrag auf Bestellung von Revisoren zur Prüfung eines Vorganges bei der Gründung oder eines nicht länger als zwei Jahre zurückliegenden Vorganges bei der Geschäftsführung abgelehnt worden, so können auf Antrag von Aktionären, deren Anteile zusammen den zehnten Teil des Grundkapitals erreichen, Revisoren durch das Gericht, in dessen Bezirke die Gesellschaft ihren Sitz hat, ernannt werden.

§ 266 Abs. 3 Satz 2 HGB.

Die Antragsteller haben die Aktien bis zur Entscheidung über den Antrag zu hinterlegen und glaubhaft zu machen, daß sie seit mindestens sechs Monaten, von der Generalversammlung zurückgerechnet, Besitzer der Aktien sind.

§ 266 Abs. 4 Satz 1 HGB.

Vor der Ernennung sind der Vorstand und der Aufsichtsrat zu hören.

§ 267 HGB.

Der Vorstand hat in den Fällen des § 266 den Revisoren die Einsicht der Bücher und Schriften der Gesellschaft und die Untersuchung des Bestandes der Gesellschaftskasse sowie der Bestände an Wertpapieren und Waren zu gestatten.

Der Bericht über das Ergebnis der Prüfung ist von den Revisoren unverzüglich dem Handelsregister einzureichen und von dem Vorstande bei der Berufung der nächsten Generalversammlung als Gegenstand der Beschlußfassung anzukündigen. Zum Handelsregister einer Zweigniederlassung findet die Einreichung des Berichts nicht statt.

Im Falle des § 266 Abs. 2 beschließt die Generalversammlung, ob die entstandenen Kosten von der Gesellschaft zu tragen sind. Wird der Antrag auf Ernennung von Revisoren durch das Gericht zurückgewiesen oder erweist er sich nach dem Ergebnisse der Prüfung als unbegründet, so sind die Aktionäre, welchen eine bösliche Handlungsweise zur Last fällt, für einen der Gesellschaft durch den Antrag entstehenden Schaden als Gesamtschuldner haftbar.

Gegen eine Ablehnung des Antrages auf Revisorenbestellung durch das Registergericht ist binnen 14 Tagen sofortige Beschwerde an das Landgericht zulässig, gegen dessen Entscheidung binnen 14 Tagen die sofortige weitere Beschwerde an das Oberlandesgericht (in Bayern Oberstes Landesgericht). §§ 146, 145, 28, 29, 199 FGG.

§ 14.

(1) Wegen einer Überschuldung, die sich bei der Aufstellung der Eröffnungsbilanz ergibt, die Eröffnung des Konkursverfahrens zu beantragen, ist der Vorstand einer Aktiengesellschaft nicht verpflichtet, solange die Frist für die Umstellung läuft. Das gleiche gilt für die persönlich haftenden Gesellschafter einer Kommanditgesellschaft auf Aktien und für die Geschäftsführer einer Gesellschaft mit beschränkter Haftung.

(2) Während der im Abs. 1 genannten Frist findet die Vorschrift des § 240 Abs. 1 des Handelsgesetzbuchs keine Anwendung.

Bem. 1. Feststellung der Überschuldung einer Kapitalgesellschaft bei Aufstellung der Eröffnungsbilanz. Überschuldung ist gegeben, wenn die Summe der echten Schulden größer ist als die Summe der echten Aktiven, wenn also nicht nur keinerlei Reinvermögen vorhanden ist, sondern sogar noch ein ungedeckter Schuldenüberschuß. Nach § 240 Abs. 2 Halbsatz 2 HGB. ist der Vorstand einer AG. zur Beantragung der Konkurseröffnung verpflichtet, wenn sich „bei der Aufstellung der Jahresbilanz oder einer Zwischenbilanz ergibt, daß das Vermögen nicht mehr die Schulden deckt". Es ist anerkannten Rechtes (Staub, HGB. 10. Auflage, Bem. 10 und 2 zu § 240), daß die aus einer nach den Vorschriften des § 261 HGB. aufgestellten Bilanz sich ergebende Überschuldung die Pflicht zur Beantragung des Konkurses nicht erzeugt, weil eine solche Bilanz infolge der Bewertungsregeln in § 261 Ziff. 1 bis 3 HGB. keine zutreffende Darstellung des wirklichen Vermögensstandes gibt, vielmehr den Vermögensstand zur Vermeidung der Verteilung eines noch nicht realisierten Gewinnes geringer, als er tatsächlich ist, darstellt. Eine in der Goldmarkeröffnungsbilanz zutage tretende Überschuldung würde also auch ohne § 14 die Pflicht zur Konkursanmeldung dann nicht erzwungen, wenn ganz oder teilweise von der in § 4 Abs. 1 VO. zugelassenen Befreiung von den Bewertungsbeschränkungen des § 261 Ziff. 1 bis 3 HGB. kein Gebrauch gemacht worden ist. § 14 geht nun aber noch einen Schritt weiter und befreit schlechthin für gewisse Frist (vgl. unten Bem. 3) von der Pflicht zur Konkursanmeldung, wenn bei der Aufstellung der Goldmarkeröffnungsbilanz sich eine Überschuldung ergibt. Das dürfte seinen Grund nicht etwa in einer geringeren Gefährlichkeit der so festgestellten Überschuldung haben, sondern vielmehr darin, daß einerseits die erstmals neu vorzunehmende Bewertung in Goldmark bei der Neuheit des Problems eine ziemliche Unsicherheit und Ungleichmäßigkeit in den Wertansätzen bringen wird, weshalb die sofortige Anwendung eines solchen extremen Mittels wie der Konkursanmeldung vorerst besser vermieden wird. Andererseits aber dürfte der Hauptgrund der sein, daß bei all diesen Gesellschaften ohnedies ja die einschneidende Transaktion der Umstellung unmittelbar bevorsteht, so daß der Gesellschaft Gelegenheit und Anlaß geboten ist, selbst rasch die zu einer Sanierung erforderlichen Schritte zu unternehmen. Die Befreiung von der Pflicht zur Konkursanmeldung beseitigt natürlich nicht das Recht des Vorstandes, den Konkurs gleichwohl anzumelden, wenn er das nach Lage der Verhältnisse für unerläßlich hält. Der Vorstand hat deshalb trotz § 14 die Pflicht, bei Feststellung der Überschuldung gelegentlich der Vorbereitung der Umstellung die Frage genauestens zu prüfen, ob die Beantragung der Konkurseröffnung nicht gleichwohl notwendig ist.

Bem. 2. Zahlungsunfähigkeit. § 14 entbindet den Vorstand nur für den Fall einer Feststellung der Überschuldung auf gewisse Dauer von der Pflicht zur Beantragung der Konkurseröffnung, nicht aber für den Fall des Eintritts der Zahlungsunfähigkeit. Tritt also dieser Fall ein, so hat der Vorstand ohne Rücksicht auf den etwaigen Lauf der Umstellungsfrist die Konkurseröffnung zu beantragen (§ 240 Abs. 2 Halbsatz 1 HGB.

Bem. 3. Solange die Frist für die Umstellung läuft. Die in Bem. 1 behandelte Befreiung des Vorstandes von der Pflicht zur Beantragung der Konkurseröffnung dauert nur, „solange die Frist für die Umstellung läuft". Welches ist nun der Lauf dieser Umstellungsfrist? Sie beginnt zweifellos dann, wenn das Geschäftsjahr mit dem Kalenderjahr gleich läuft, mit dem 1. Januar 1924, wenn das Geschäftsjahr aber von dem Kalenderjahr abweichend läuft, mit dem Beginn des Geschäftsjahres 1924/25. Zweifel können aber entstehen, wenn eine Gesellschaft die Umstellung vorzeitig durchführen will, was wohl zulässig ist (vgl. Bem. 4 zu § 2). Z. B. das Geschäftsjahr läuft vom 1. Oktober bis 30. September; hier würde normalerweise die Umstellungsfrist erst mit dem 1. Oktober 1924 beginnen. Will die Gesellschaft aber gelegentlich der Fertigstellung des Abschlusses 1922/23 im Frühjahr 1924 die Goldmarkeröffnungsbilanz schon pro 1. Oktober 1923 erstellen und so die Umstellung schon in der Generalversammlung über das Geschäftsjahr 1922/23 durchführen lassen, so dürfte sinngemäß anzunehmen sein, daß eine hiebei festgestellte Überschuldung gleichfalls als innerhalb der (freiwillig vorverlegten) Umstellungsfrist festgestellt zu gelten hat. — Das

Ende der Umstellungsfrist fällt spätestens mit dem Ende der (verlängerbaren) Frist für die Anmeldung der Umstellung (§ 15 VO.) zusammen, sie endigt aber schon früher, sobald die Umstellung vollendet, also nach der Anmeldung im Handelsregister eingetragen ist. Ich glaube nicht, daß man logischerweise zu einer anderen Auslegung kommen kann. Denn wenn eine Gesellschaft ihre Umstellung vollzogen hat, was erst durch die Eintragung der Beschlüsse ins Handelsregister rechtswirksam geschehen ist, dann läuft für diese Gesellschaft eben die „Frist für die Umstellung" nicht mehr. Es entspricht diese Auslegung aber auch nicht nur dem Wortlaut, sondern auch dem Sinn und Zweck der Vorschrift. Wenn die Umstellung durchgeführt ist, dann hat sich entschieden, ob die Transaktion den Zustand der Überschuldung beseitigt hat oder nicht. Es ist allen Interessenten auch Gelegenheit geboten gewesen, die Goldmarkbewertung auf ihre Richtigkeit zu prüfen. Hat sich bei dieser Prüfung die Tatsache der Überschuldung bestätigt, ohne daß gelegentlich der Umstellung dagegen Abhilfe geschaffen wurde, dann besteht keinerlei Anlaß mehr, auch jetzt noch von der Pflicht zur Konkursanmeldung zu befreien. Es muß aber auch hier wieder betont werden, daß die nach Ablauf der Umstellungsfrist wieder wirksame Vorschrift des § 240 Abs. 2 Halbsatz 2 HGB. die Konkursanmeldung nur dann verlangt, wenn bei Ansetzung der vollen wirklichen Werte aller Aktiven die Bilanz noch eine Überschuldung ergibt. Hat also die Goldmarkeröffnungsbilanz die Aktiven durchwegs oder teilweise niedriger bewertet und würde eine Bewertung mit den höheren wirklichen Werten keine Überschuldung mehr ergeben, so verpflichtet eine solche Überschuldung überhaupt nicht zur Konkursanmeldung. — Abzulehnen ist die von Kahn (M. N. N. Nr. 4 vom 5. Januar 1924) vertretene Ansicht, daß die 3jährige Frist für die Tilgung des Kapitalentwertungskontos (§ 6 VO.) mit der in § 14 angeführten Umstellungsfrist identisch sei. Auch die unter Verwendung eines Kapitalentwertungskontos umgestellte Gesellschaft ist mit der „Veränderung des Eigenkapitals" umgestellt (§ 5 VO.), wenn sich auch hier noch ein Schwebezustand anschließt, der unter besonderen Vorschriften steht und der nach der ersten (sozusagen „vorläufigen") Umstellung unter Umständen noch zu einem zweiten „endgültigen" Umstellungsakt führt. Der für die zeitweilige Aufhebung des Konkursanmeldungsgebotes bestehende Anlaß (die ohnedies demnächst bevorstehende Umstellungstransaktion) ist weggefallen, wenn die Generalversammlung die Goldmarkeröffnungsbilanz geprüft und genehmigt und die Umstellung des Eigenkapitals auf Goldmark beschlossen hat bzw. dieser Beschluß durchgeführt ist. Es wäre unverständlich, warum ein solches auf die Dauer doch durchaus nicht unbedenkliches Recht bei Errichtung eines Kapitalentwertungskontos auf volle 3 Jahre erstreckt werden sollte, zumal nach dem Sinn der ganzen Verordnung das Kapitalentwertungskonto zweifellos nicht dazu bestimmt ist, einen Gegenposten für ungedeckte Schulden zu bilden (es soll nur einen Korrekturposten zu dem unter den Passiven stehenden Eigenkapital bilden).

Bem. 4. Verlust des halben Grundkapitals. § 240 Abs. 1 HGB. bestimmt folgendes: „Erreicht der Verlust, der sich bei der Aufstellung der Jahresbilanz oder einer Zwischenbilanz ergibt, die Hälfte des Grundkapitals, so hat der Vorstand unverzüglich die Generalversammlung zu berufen und dieser davon Anzeige zu machen." Auf die

Dauer der Umstellungsfrist (Bem. 3) ist der Vorstand von dieser Pflicht befreit und das mit Recht. Denn einerseits steht bei dieser Aufstellung des Goldmarkeröffnungsbilanzentwurfs die über die Umstellung beschließende Generalversammlung ohnedies bevor und außerdem handelt es sich ja hier ziemlich durchwegs nur scheinbar um einen so erheblichen Kapitalsverlust, weil die aus Gold- und Papiermark verschiedenster Verdünnung (oder nur aus solcher Papiermark) zusammengesetzte Grundkapitalsziffer der reinen Goldmarkzahl des Reinvermögens gegenübergestellt wird, also eigentlich zwei vollkommen unvergleichbare Größen miteinander verglichen werden. Bei den fast durchwegs verwässerten Grundkapitalien ist doch der Gesellschaft auch niemals der durch die Eigenkapitalsziffer dargestellte Betrag in Goldmark zur Verfügung gestellt worden. Man rechne nur einmal an Hand einer Goldmarktabelle nach, was die Aktiengesellschaften in den Inflationsjahren bei der Gründung oder bei Kapitalserhöhungen in Goldmark tatsächlich erhalten haben; man wird dann sehen, daß es sich meist um verhältnismäßig überraschend kleine Beträge gehandelt hat, daß also dieser jetzt in die Erscheinung tretende „Grundkapitalsverlust" zumeist nur das Ergebnis der Verwendung eines unbrauchbaren Rechnungsmaßstabes ist. — Gelegentlich der über die Umstellung beschließenden Generalversammlung wird der etwa festzustellende Verlust der Hälfte des Grundkapitals vom Vorstand durch Vorlage der Eröffnungsbilanz stets angezeigt, so daß, auch wenn der Verlust durch die Umstellung nicht beseitigt wurde, nach Ablauf der Umstellungsfrist eine Anzeige an die Generalversammlung nicht neuerdings zu erfolgen hat. Denn die durch die Anzeige des § 240 Abs. 1 HGB. bezweckte Kenntnis von dem Verlust hat die Generalversammlung ja bereits erhalten.

Bem. 5. Persönlicher Geltungsbereich.

a) Die Befreiung von der Pflicht zur Beantragung der Konkurseröffnung bei Feststellung der Überschuldung in der Goldmarkeröffnungsbilanz ist für die Vorstände der AG., die persönlich haftenden Gesellschafter der KAG. und die Geschäftsführer der GmbH. (§ 64 GmbHG.) verfügt, nicht auch für den Vorstand der Genossenschaft (§ 99 GenG.). Es ist wohl zu erwarten, daß dieser Mangel auf Grund des § 20 VO. beseitigt wird.

b) Die Befreiung von der Einberufung der Generalversammlung bei Feststellung des Verlustes des halben Grundkapitals ist nur für den Vorstand der AG. (und zufolge des § 320 Abs. 3 HGB. auch für die persönlich haftenden Gesellschafter der KAG.) vorgesehen, weil es eine dem § 240 Abs. 1 HGB. entsprechende Vorschrift im GmbHG. nicht gibt.

§ 15.

(1) Die Anmeldung des Beschlusses der Generalversammlung über die Umstellung einer Aktiengesellschaft, einer Kommanditgesellschaft auf Aktien oder einer Gesellschaft mit beschränkter Haftung zum Handelsregister hat binnen sechs Monaten nach Abhaltung der Generalversammlung zu erfolgen, in der die Abänderung des Gesellschaftsvertrags beschlossen worden ist. Die oberste Landesbehörde oder die von ihr bestimmte Stelle kann die

Frist allgemein oder für einzelne Unternehmungen oder Arten von Unternehmungen verlängern.

(²) Handelt es sich um eine Aktiengesellschaft oder eine Kommanditgesellschaft auf Aktien, so ist bei der Anmeldung der Prüfungsbericht (§ 13 Abs. 1) vorzulegen.

Bem. 1. Anmeldungspflicht. § 15 schafft nicht eine neue andernfalls nicht bestehende Anmeldungspflicht, sondern setzt nur für die Erfüllung der ohnedies schon bestehenden Anmeldungspflicht eine bestimmte Frist, die sonst nicht bestünde. — Die Pflicht zur Anmeldung des Umstellungsbeschlusses beim Registergericht ist deshalb stets gegeben, weil jeder Umstellungsbeschluß einer Kapitalgesellschaft eine Statutenänderung in sich schließt (mindestens die Umänderung der Bezeichnung „Mark" in „Goldmark" bei Normierung der Eigenkapitalshöhe und des Nennbetrages der Gesellschaftsanteile in der Satzung), jede Statutenänderung aber nach § 277 HGB., § 54 GmbHG. beim Registergericht zur Eintragung anzumelden ist und erst mit der erfolgten Eintragung Rechtswirksamkeit erhält. Die Goldmarkeröffnungsbilanz dagegen ist dem Registergericht nur dann vorzulegen, wenn sie veröffentlicht werden muß (Bem. 5 zu § 2), und zwar in Form eines Belegexemplars über die erfolgte Veröffentlichung.

Bem. 2. Anmeldungsfrist. Der Umstellungsbeschluß muß binnen 6 Monaten nach Abhaltung der Generalversammlung, die ihn gefaßt hat, zum Handelsregister angemeldet werden. Soweit der Umstellungsbeschluß schon in sich selbst die Durchführung der erforderlichen Umstellungsmaßregeln enthält und lediglich die Eintragung ins Handelsregister zur Wirksamkeit hinzukommen muß (Statutenänderung und Genehmigung der Goldmarkeröffnungsbilanz, in der die Differenz zwischen Goldmarkreinvermögen und Eigenkapital durch Einstellung einer Reserve oder eines Kapitalentwertungskontos restlos beseitigt ist), kann sich über das Erfordernis der fristzeitigen Anmeldung des Umstellungsbeschlusses ein Zweifel nicht erheben. Wenn dagegen auf Grund des Umstellungsbeschlusses erst die beschlossenen Umstellungsmaßregeln durchgeführt werden müssen (z. B. Kapitalserhöhung, Kapitalsherabsetzung, Einforderung von Nachschüssen), fragt es sich, ob die Forderung des § 15 bereits mit der Anmeldung des bloßen Beschlusses oder erst mit der Anmeldung der Durchführung des Beschlusses genügt ist. Es kann meines Erachtens nicht zweifelhaft sein, daß die letztere Ansicht richtig ist, daß nämlich innerhalb der gesetzlichen Frist der durchgeführte Beschluß angemeldet werden muß, weil es ja andernfalls die Gesellschaft ganz in ihrer Hand hätte, den gewünschten Beschluß zwar zu fassen und anzumelden, dann aber nicht durchzuführen. § 15 soll aber im Zusammenhang mit § 16 die Durchführung der Umstellung gewährleisten. Bei den Kapitalsgesellschaften besteht übrigens zwischen AG. und KAG. einerseits und GmbH. andererseits hier ein Unterschied hinsichtlich der Anmeldungsmöglichkeit. Bei der AG. und KAG. kann sowohl der noch nicht durchgeführte Beschluß über Kapitalserhöhung oder -herabsetzung zum Handelsregister angemeldet und in dieses eingetragen werden, wie auch später dann die Durchführung des Beschlusses; es können aber auch beide Anmeldungen miteinander verbunden werden (§§ 280, 284, 285, 289, 291 HGB.). Dagegen kann bei der GmbH. sowohl bei Erhöhung wie auch bei Herabsetzung des Stammkapitals erst der durchgeführte Beschluß angemeldet bzw. eingetragen werden (§§ 57f. GmbHG.). Auch diese Tatsache spricht im Interesse der logischerweise zu fordernden Einheitlichkeit dafür, daß auch bei der AG. und KAG. nur die Anmeldung des durchgeführten Umstellungsbeschlusses dem Gebot des § 15 genügt. (Eine Kapitalserhöhung ist durchgeführt, wenn die neu herauszugebenden Aktien gezeichnet sind und auf sie mindestens $1/4$ des Nennbetrages sowie das Agio eingezahlt ist. Wird eine Kapitalserhöhung lediglich im Wege der Erhöhung des Nennbetrages der bisherigen Aktien gemacht, so ist sie mit der ordnungsgemäßen Beschlußfassung durchgeführt, bedarf also zu ihrer Rechtswirksamkeit nur mehr der Eintragung ins Handelsregister. Eine Kapitalsherabsetzung, die im Wege der Verminderung des Nennbetrages der Aktie erfolgt, ist ebenso mit der ordnungsgemäßen Beschlußfassung durchgeführt und bedarf nur mehr der Eintragung ins Handelsregister. Dagegen ist der Beschluß auf Kapitalsherabsetzung im Wege der Aktienzusammenlegung erst durchgeführt, wenn die Gesellschaft nach Ablauf der ausgeschriebenen Frist für die Einreichung der Aktien die nichteingereichten Aktien für kraftlos erklärt hat (Staub, HGB. Anm. 6ff. zu § 291).

Bem. 3. Verlängerung der Frist. Die oberste Landesbehörde oder die von ihr bestimmte Stelle (hierüber werden wohl auch die Durchführungsbestimmungen näheres bringen) kann die Frist verlängern und zwar a) allgemein oder b) für einzelne Unternehmungen oder c) für einzelne Arten von Unternehmungen. — Soweit eine Anmeldung des durchgeführten Umstellungsbeschlusses innerhalb von 6 Monaten ab Beschlußfassung unmöglich ist, wird entweder durch Fristverlängerung für die Anmeldung oder durch Abkürzung der vorerst durch HGB. oder GmbHG. bedingten Formalitäten in den Durchführungsbestimmungen Abhilfe getroffen werden müssen.

Bem. 4. Vorlage des Prüfungsberichtes. Bei der AG. und KAG. ist der Generalversammlung über die Eröffnungsbilanz und den Hergang der Umstellung vom Vorstand und Aufsichtsrat ein schriftlicher Prüfungsbericht vorzulegen (§ 13 Ziff. 1). Ein Exemplar des Prüfungsberichtes ist dem Registergericht bei der Anmeldung des Umstellungsbeschlusses mit vorzulegen.

Bem. 5. Wer hat anzumelden? Vorschriften hierüber hat die VO. mit Recht nicht getroffen, da sie ja lediglich eine Frist für die an sich schon notwendige Anmeldung zu setzen hatte. Es bewendet also bei den im HGB. bzw. GmbHG. getroffenen Bestimmungen. Darnach hat nach § 277 HGB. bei der AG. und KAG. allein der Vorstand (nicht sämtliche Mitglieder des Vorstandes!) den Beschluß anzumelden, wenn darin nur eine Statutenänderung ohne Herauf- oder Herabsetzung der Kapitalsziffer enthalten ist, dagegen ist die Anmeldung von sämtlichen Mitgliedern des Vorstandes zu machen, wenn der Beschluß auch eine Herabsetzung des Grundkapitals enthält (§§ 289, 291 HGB.), und von sämtlichen Mitgliedern des Vorstandes und Aufsichtsrates, wenn der Beschluß außer der Statutenänderung auch eine Erhöhung des Grundkapitals enthält (§§ 280, 284, 285 HGB.).

Bei der GmbH. erfolgt die Anmeldung im Falle einer gewöhnlichen Statutenänderung durch die Geschäftsführer, wenn in dem Umstellungsbeschluß aber auch eine Kapitalsherabsetzung oder -erhöhung enthalten ist, durch sämtliche Geschäftsführer (§ 78 GmbHG.). — Notarielle Form ist für die Anmeldung nirgends vorgeschrieben. Es genügt einfache Schriftform.

§ 16.

Ist die Anmeldung (§ 15) nicht innerhalb der vorgeschriebenen Frist erfolgt, oder ist die Einhaltung der im § 10 vorgeschriebenen Mindestgrenzen nicht nachgewiesen oder die im § 6 vorgeschriebene Anzeige unterblieben, so hat das Gericht der Gesellschaft eine angemessene Frist unter der Androhung der Eintragung der Nichtigkeit der Gesellschaft zu bestimmen. Ist innerhalb der Frist die Anmeldung nicht erfolgt oder der Nachweis nicht geführt oder die Anzeige nicht erstattet, so ist die Nichtigkeit der Gesellschaft einzutragen. Die Vorschriften der §§ 142, 143 des Gesetzes über die Angelegenheiten der freiwilligen Gerichtsbarkeit finden entsprechende Anwendung.

Bem. 1. Einschreiten des Registergerichts. Drei verschiedene Tatbestände führen nach § 16 zu einem Einschreiten des Registergerichts, nämlich

a) wenn die Anmeldung des Umstellungsbeschlusses (d. h. der erfolgten Durchführung des Umstellungsbeschlusses, vgl. Bem. 2 zu § 15) nicht innerhalb der sechsmonatigen bzw. gegebenenfalls nach § 15 verlängerten Frist erfolgt. Dieser Fall ist auch dann gegeben, wenn zwar die Anmeldung fristzeitig erfolgt ist, das Gericht aber die gefaßten Beschlüsse beanstandet und ihre Eintragung ablehnt, eine hiegegen etwa erhobene Beschwerde aber erfolglos geblieben ist.

b) Wenn zwar die Anmeldung fristzeitig erfolgt ist, aber die Einhaltung der im § 10 vorgeschriebenen Mindestgrenzen für Eigenkapital und Gesellschaftsanteile der umgestellten Gesellschaft nicht nachgewiesen, d. h. eben wenn bei der Umstellung gegen diese Mindestgrenzenvorschrift verstoßen worden ist.

c) Wenn nach Errichtung eines Kapitalentwertungskontos (§ 5 Abs. 2 VO.) nicht die in § 6 vorgeschriebene Anzeige von der innerhalb 3 Jahren erfolgten Tilgung dieses Kontos beim Registergericht eingelaufen ist. Nicht die Anzeige muß notwendig innerhalb jener 3 Jahre einlaufen, sondern nur die Tilgung muß innerhalb dieser Frist erfolgen.

Der erste Akt des registergerichtlichen Einschreitens ist der, daß das Gericht der Gesellschaft eine angemessene Frist unter Androhung der Eintragung der Nichtigkeit der Gesellschaft bestimmt. Die VO. sagt allerdings nicht, wofür der Gesellschaft die Frist gesetzt wird. Aber sinngemäß kann nur angenommen werden, daß der Gesellschaft die Frist zu dem Zweck zur Verfügung gestellt wird, entweder das Versäumte nachzuholen oder aber, wenn sie der Ansicht ist, daß sie ihre

Pflichten bereits richtig erfüllt hat, gegen die Androhung Widerspruch zu erheben (das ergibt sich zwar nicht aus dem Wortlaut des § 16 selbst, wohl aber aus den weiter unten im Wortlaut wiedergegebenen Bestimmungen des FGG., die der letzte Satz des § 16 für entsprechend anwendbar erklärt). Nunmehr sind folgende drei Möglichkeiten gegeben:

1. Entweder die Gesellschaft holt rechtzeitig innerhalb der gesetzten Frist das Versäumte nach, dann ist (gegebenenfalls nach der bisher verweigerten Eintragung der Umstellung ins Handelsregister) der Fall erledigt.
2. Oder die Gesellschaft holt das Versäumte nicht nach, erhebt aber auch keinen Widerspruch gegen die Androhung der Nichtigkeitseintragung. Dann erfolgt nunmehr die Eintragung der Nichtigkeit.
3. Oder die Gesellschaft holt das nach Ansicht des Registergerichts Versäumte nicht nach, weil sie nach ihrer Ansicht alles getan hat, was erforderlich war, und erhebt deshalb gegen die Verfügung des Registerrichters Widerspruch. Über diesen Widerspruch entscheidet zunächst das Registergericht selbst. Weist es den Widerspruch als unbegründet zurück, so kann die Gesellschaft hiegegen binnen 14 Tagen die sofortige Beschwerde zum Landgericht, Kammer für Handelssachen, und gegen die abweisende Entscheidung des Landgerichts binnen 14 Tagen die sofortige weitere Beschwerde zum Oberlandesgericht (in Bayern zum Obersten Landesgericht) erheben. Ist die Gesellschaft mit ihrem Widerspruch rechtskräftig abgewiesen worden, ohne das Versäumte nachgeholt zu haben, so wird die Nichtigkeit eingetragen. Ist dagegen ihr Widerspruch als begründet anerkannt worden, so unterbleibt selbstverständlich die Eintragung der Nichtigkeit und die Gesellschaft hat an ihrer Umstellung auch nichts mehr zu ändern, vielmehr hat der Registerrichter die bisher etwa abgelehnte Eintragung der erfolgten Umstellung vorzunehmen.

Die für entsprechend anwendbar erklärten Vorschriften des FGG. sind folgende:

§ 142 FGG.

Ist eine Eintragung in das Handelsregister bewirkt, obgleich sie wegen Mangels einer wesentlichen Voraussetzung unzulässig war, so kann das Registergericht sie von Amts wegen löschen. Die Löschung geschieht durch Eintragung eines Vermerkes.

Das Gericht hat den Beteiligten von der beabsichtigten Löschung zu benachrichtigen und ihm zugleich eine angemessene Frist zur Geltendmachung eines Widerspruchs zu bestimmen.

Auf das weitere Verfahren finden die Vorschriften des § 141 Abs. 3, 4*) Anwendung.

§ 143 FGG.

Die Löschung einer Eintragung kann gemäß den Vorschriften

---

*) § 141 Abs. 3 und 4 FGG. lautet:

„Wird Widerspruch erhoben, so entscheidet über ihn das Gericht. Gegen die den Widerspruch zurückweisende Verfügung findet die sofortige Beschwerde statt.

Die Löschung darf nur erfolgen, wenn Widerspruch nicht erhoben oder wenn die den Widerspruch zurückweisende Verfügung rechtskräftig geworden ist."

des § 142 auch von dem Landgerichte verfügt werden, welches dem Registergericht im Instanzenzuge vorgeordnet ist. Die Vorschrift des § 30 Abs. 1 Satz 2 *) findet Anwendung.

Gegen die einen Widerspruch zurückweisende Verfügung des Landgerichts findet die sofortige Beschwerde an das Oberlandesgericht mit der Maßgabe statt, daß die Vorschriften des § 28 Abs. 2, 3 **) zur entsprechenden Anwendung kommen. Die weitere Beschwerde ist ausgeschlossen.

Bem. 2. Folgen der Eintragung der Nichtigkeit. Mit der Eintragung der Nichtigkeit der Gesellschaft tritt diese automatisch in Liquidation. Hierüber bestimmt § 311 HGB. folgendes:

§ 311 HGB.

Ist die Nichtigkeit einer Gesellschaft in das Handelsregister eingetragen, so finden zum Zwecke der Abwickelung ihrer Verhältnisse die für den Fall der Auflösung geltenden Vorschriften entsprechende Anwendung.

Die Wirksamkeit der im Namen der Gesellschaft mit Dritten vorgenommenen Rechtsgeschäfte wird durch die Nichtigkeit nicht berührt.

Die Gesellschafter haben die versprochenen Einzahlungen zu leisten, soweit es zur Erfüllung der eingegangenen Verbindlichkeiten erforderlich ist.

Die Generalversammlung kann dieses Zwangsliquidationsverfahren nicht etwa durch einen Beschluß wieder aufheben und das Fortbestehen der Gesellschaft beschließen. Die Auflösung einer als nichtig eingetragenen Gesellschaft ist nicht mehr aufzuhalten. Dagegen kann das Unternehmen als AG. neu erstehen, was aber selbstverständlich außerordentliche Kosten verursacht. Die Gesellschaftsverwaltungen haben also zur Vermeidung schwerwiegender Haftpflicht ihr ganzes Augenmerk darauf zu richten, daß die Eintragung der Nichtigkeit der Gesellschaft unter allen Umständen vermieden wird. Es wird in Zweifelsfällen stets gut sein, schon den Umstellungsplan dem Registergericht zur Stellungnahme vorzulegen.

---

*) § 30 Abs. 1 Satz 2 FGG. lautet:

„Ist bei einem Landgericht eine Kammer für Handelssachen gebildet, so tritt für Handelssachen diese Kammer an die Stelle der Zivilkammer."

**) § 28 Abs. 2 und 3 FGG. lautet:

„Will das Oberlandesgericht bei der Auslegung einer reichsgesetzlichen Vorschrift, welche eine der im § 1 bezeichneten Angelegenheiten betrifft, von der auf weitere Beschwerde ergangenen Entscheidung eines anderen Oberlandesgerichts, falls aber über die Rechtsfrage bereits eine Entscheidung des Reichsgerichts ergangen ist, von dieser abweichen, so hat es die weitere Beschwerde unter Begründung seiner Rechtsauffassung dem Reichsgerichte vorzulegen. Der Beschluß über die Vorlegung ist dem Beschwerdeführer bekannt zu machen.

In den Fällen des Abs. 2 entscheidet über die weitere Beschwerde das Reichsgericht."

§ 17.

(1) Bei Neugründungen von Aktiengesellschaften, Kommanditgesellschaften auf Aktien und Gesellschaften mit beschränkter Haftung muß das Eigenkapital auf Goldmark gestellt werden.

(2) Das Grundkapital einer Aktiengesellschaft oder einer Kommanditgesellschaft auf Aktien muß mindestens fünfzigtausend Goldmark betragen. Die Aktien und Interimsscheine müssen auf einen Betrag von mindestens einhundert Goldmark, im Falle des § 180 Abs. 3 des Handelsgesetzbuches auf mindestens zwanzig Goldmark bestellt werden. Im Falle des § 180 Abs. 2 des Handelsgesetzguches kann ein Mindestbetrag von zwanzig Goldmark zugelassen wreden.

(3) Das Stammkapital einer Gesellschaft mit beschränkter Haftung muß mindestens fünftausend Goldmark, die Stammeinlage jedes Gesellschafters mindestens fünfzig Goldmark betragen. Die Einzahlung auf die Stammeinlage (§ 7 Abs. 2 des Gesetzes, betreffend die Gesellschaften mit beschränkter Haftung) muß mindestens ein Viertel des Betrags der Stammeinlage und mindestens fünfundzwanzig Goldmark betragen.

Bem. 1. Bisheriges Recht. Das HGB. hat für die AG. und KAG. eine Mindestgrenze für das Grundkapital überhaupt nicht vorgeschrieben. Aus den Vorschrift des § 180 HGB. über den Mindestnennbetrag einer Aktie (vgl. Bem. 2 zu § 10) und jener des § 182 HGB. über die Notwendigkeit des Zusammenwirkens von fünf Gründern bei Errichtung einer AG. ergab sich aber indirekt für den Normalfall der Mindestgrundkapitalsbetrag von 5000 M. Durch Gesetz vom 12. Mai 1923 (RGBl. I S. 289) wurde dann im Hinblick auf die fortgeschrittene Geldentwertung die Mindestkapitalsgrenze mit Wirkung vom 18. Mai 1923 ab auf 5000000 M. festgesetzt, ohne daß aber an dem Mindestnennbetrag der einzelnen Aktie etwas geändert worden wäre. — Bei der GmbH. war durch §§ 5 und 7 GmbHG. das Mindeststammkapital auf 20000 M., der Mindestbetrag einer Stammeinlage auf 500 M. und der Mindesteinzahlungsbetrag auf eine Stammeinlage auf 250 M. festgesetzt. Durch Gesetz vom 24. Dez. 1922 (RGBl. I 1923 S. 22) wurde mit Wirkung vom 6. Jan. 1923 ab die Mindestgrenze für das Stammkapital auf 500000 M., für die Stammeinlage auf 10000 M. und für die Mindesteinzahlung auf 5000 M. erhöht. — Dieser Rechtszustand galt bei AG., KAG. und GmbH. bis zum Inkrafttreten der Goldbilanzverordnung.

Bem. 2. Neugründung. § 17 schreibt für Neugründungen von Aktiengesellschaften, Kommanditgesellschaften auf Aktien und Gesellschaften mit beschränkter Haftung einerseits die Stellung des Eigenkapitals auf Goldmark (vgl. Bem. 5 zu § 1), andererseits neue Mindestgrenzen für das Eigenkapital und die Gesellschaftsanteile vor. Zur Auslegung des Begriffes „Neugründungen“ im Hinblick auf die Übergangszeit hat das Reichsjustizministerium in der Presse folgende Auslassung erscheinen lassen, der im allgemeinen durchaus zuzustimmen ist:

„Die Verordnung über die Goldbilanzen enthält im § 17 die Bestimmung, daß bei Neugründungen von Aktiengesellschaften, Kommanditgesellschaften auf Aktien und Gesellschaften mit beschränkter Haftung das Eigenkapital (Grund- oder Stammkapital) auf Goldmark gestellt werden muß, und zwar muß das Grundkapital einer Aktiengesellschaft oder einer Kommanditgesellschaft auf Aktien mindestens 50000 Goldmark und das Stammkapital einer Gesellschaft mit beschränkter Haftung mindestens 5000 Goldmark betragen. Bei Anwendung dieser Vorschrift sind Zweifel über den Begriff von Neugründungen entstanden. Insbesondere ist die Frage aufgeworfen worden, ob unter Neugründungen alle Gründungen zu verstehen sind, bei denen die Eintragung der Gesellschaft in das Handelsregister vor Inkrafttreten der Verordnung, nämlich ab 30. Dezember 1923, noch nicht erfolgt ist.

Wäre die Verordnung in diesem Sinne auszulegen, so würden sämtliche Gesellschaften, die bis zu diesem Zeitpunkt zwar schon errichtet waren, deren Eintragung in das Handelsregister aber noch nicht vollzogen war, die Eintragung nur durch eine Neugründung auf der Grundlage der Goldmarkrechnung unter Einhaltung der neuen Vorschriften, also durch Festsetzung des Eigenkapitals auf mindestens 50000 bzw. 5000 Goldmark erreichen. Eine solche Auffassung findet jedoch in der Verordnung keine Stütze. Dadurch, daß die Regelung auf Neugründungen beschränkt ist, wird deutlich zum Ausdruck gebracht, daß auf bereits gegründete Gesellschaften der § 17 der Verordnung keine Anwendung findet, und zwar ohne Rücksicht darauf, ob die Eintragung bereits erfolgt ist. Die Frage, wann die Gründung einer Gesellschaft als beschlossen anzusehen ist, beurteilt sich nach den handelsrechtlichen Bestimmungen. Aus ihnen ergibt sich, daß für die Aktiengesellschaften und Kommanditgesellschaften auf Aktien im Falle der Einheitsgründung (Simultangründung) die Übernahme der Aktien, im Falle der Stufengründung (Sezessivgründung) die Beschlußfassung über die Errichtung durch die Generalversammlung, für Gesellschaften mit beschränkter Haftung der Abschluß des Gesellschaftsvertrages den für die Gründung entscheidenden Akt bildet. Gesellschaften, deren Gründung in dieser Weise den bisherigen Vorschriften entsprechend vor Inkrafttreten der Verordnung erfolgt ist, brauchen daher zu einer Neugründung auf der Grundlage der Goldmarkrechnung nicht zu schreiten. Für sie hat es vielmehr sein Bewenden bei den bisherigen Vorschriften über die Mindestgrenze des Grund- und Stammkapitals sowie die Stückelung der Aktien- und Stammeinlagen. Selbstverständlich besteht auch für diese Gesellschaften die Notwendigkeit eines Überganges zur Bilanzierung und Umstellung auf Goldmark.

Was die vor Inkrafttreten der Verordnung auf der Grundlage der Reichswährung beschlossenen Erhöhungen oder Herabsetzungen des Grund- oder Stammkapitals anlangt, so ist die Rechtslage für sie ähnlich, wie bei bisherigen Gründungen. Auch sie können, wenn sie den bisherigen Bestimmungen entsprechen, zur Durchführung gelangen. Ob sich dies trotz der später notwendigen Umstellung zur Goldmark empfiehlt, muß der Prüfung der Gesellschaft im einzelnen Fall überlassen bleiben."

Was hier im letzten Absatz über die Kapitalserhöhungen und -Herabsetzungen gesagt ist, darf in seiner Unvollständigkeit nur nicht mißverstanden werden. Der Verfasser der Auslassung hat hier ganz offenbar nur an die akutesten Übergangsfälle gedacht, bei denen die Erhöhung zwar vor dem 30. Dez. 1923 beschlossen, am 30. Dez. 1923 aber noch nicht eingetragen ist. An die Fälle, in denen auch nach dem 29. Dez. 1923 noch eine Beschlußfassung in Papiermark erfolgen kann (vgl. Bem. 2 Ziff. 3 zu § 18) ist dabei offensichtlich nicht gedacht.

Bem. 3. Nunmehrige Mindestgrenzen bei Neugründungen.

A. Aktiengesellschaft und Kommanditgesellschaft.

a) Grundkapital mindestens 50000 GM.

b) Aktiennennbetrag regelmäßig mindestens 100 GM., in gewissen Ausnahmefällen (§ 180 Abs. 2 und 3 HGB.) mindestens 20 GM.

B. Gesellschaft mit beschränkter Haftung.

a) Stammkapital mindestens 5000 GM.

b) Stammeinlage mindestens 50 GM.

c) Einzahlung auf Stammeinlage mindestens 1/4, keinesfalls unter 25 GM.

§ 18.

Die im § 10 Abs. 2 und im § 17 Abs. 2 Satz 2 und 3 genannten Beträge treten an die Stelle der im § 180 des Handelsgesetzbuchs vorgesehenen Mindestbeträge.

Bem. 1. Neufassung des § 180 HGB. Dieser gilt vom Inkrafttreten der Verordnung ab (vgl. Bem. 2 zu den Eingangsworten des Gesetzes) für den Geltungsbereich der VO. bis auf weiteres nunmehr in folgender Fassung:

§ 180 HGB.

Die Aktien müssen auf einen Betrag von mindestens 100 Goldmark gestellt werden.

Für ein gemeinnütziges Unternehmen kann im Falle eines besonderen örtlichen Bedürfnisses der Bundesrat (nunmehr Reichsrat, d. Verf.) die Ausgabe von Aktien, die auf Namen lauten, zu einem geringeren, jedoch mindestens 20 Goldmark erreichenden Betrage zulassen. Die gleiche Genehmigung kann erteilt werden, wenn für ein Unternehmen das Reich, ein Bundesstaat oder ein Kommunalverband oder eine sonstige öffentliche Körperschaft auf die Aktien einen bestimmten Betrag bedingungslos und ohne Zeitbeschränkung gewährleistet hat.

Auf Namen lautende Aktien, deren Übertragung an die Zustimmung der Gesellschaft gebunden ist, dürfen auf einen Betrag von weniger als 100, jedoch nicht weniger als 20 Goldmark gestellt werden.

Im Falle des Abs. 2 soll die erteilte Genehmigung, im Falle des Abs. 3 sollen die Beschränkungen, denen nach § 222 Abs. 4 die Aktionäre in Ansehung der Übertragung ihrer Rechte unterliegen, in den Aktien ersichtlich gemacht werden.

Diese Vorschriften gelten auch für Interimsscheine.

Bem. 2. Übergangsfragen. Ich habe in Bem. 1 meiner Meinung dahin Ausdruck gegeben, daß die Neufassung des § 18 VO. nur für den Geltungsbereich der VO. gelten soll, daß sich also § 18 keine absolute, über den im übrigen eingehaltenen Rahmen der VO. hinausgehende Bedeutung beilegen will. Der Geltungsbereich der VO. erstreckt sich auf alle nach dem Inkrafttreten der VO. (30. Dezember 1923) neu errichteten Gesellschaften und von den vorher errichteten auf jene, deren Umstellungsfrist (vgl. Bem. 3 zu § 14) zu laufen begonnen hat. Hieraus ergibt sich zwangsläufig folgende Lösung der Zweifelsfragen gelegentlich der Übergangszeit, die übrigens auch der Auffassung des Münchner Registergerichts entspricht:

a) Kapitalserhöhungen einer vor dem 30. Dezember 1923 errichteten (vgl. hierüber die in Bem. 2 zu § 17 wiedergegebene Erläuterung des Reichsjustizministeriums) Gesellschaft.

1. Nach durchgeführter Umstellung nur in GM. Die in § 17 aufgestellte Mindestgrenze für das Eigenkapital ist ohne Bedeutung für eine solche Kapitalserhöhung einer umgestellten Gesellschaft. Eine solche AG. kann z. B. ihr gelegentlich der Umstellung auf 5000 GM. herabgesetztes Kapital nachträglich zulässigerweise auf 10000 GM. erhöhen, braucht also dabei die für Neugründungen vorgeschriebene Mindestgrenze von 50000 GM. nicht einzuhalten.
2. Nach Beginn der Umstellungsfrist ebenfalls nur in Goldmark. Da aber vor Durchführung der Umstellung das alte Kapital noch in Papiermark, also Reichswährung, bemessen ist, eine gleichzeitige Bemessung des Eigenkapitals zum Teil in Reichswährung, zum Teil in Goldmarkwährung aber nicht im Sinne der VO. gelegen sein dürfte, kann bis zur Umstellung eine Kapitalserhöhung überhaupt nicht erfolgen. Sie kann auch nicht noch in Papiermark durchgeführt werden, weil dann diese zeitlich auf den Stichtag der Goldmarkeröffnungsbilanz folgende Transaktion selbstverständlich in der Eröffnungsbilanz nicht in die Erscheinung treten würde und darum von der (allein auf dem Zahlenbild der Eröffnungsbilanz aufbauenden) Umstellung nicht erfaßt werden könnte, so daß nach der Umstellung noch ein nicht umgestellter Eigenkapitalsbetrag in Papiermark bestünde, ein unmöglicher Zustand. Solange hier die Durchführungsbestimmungen keine andere Lösung gebracht haben, ist zur Ermöglichung baldiger Kapitalserhöhung (in Goldmark) nur der Weg größter Beschleunigung der Umstellung gangbar.
3. Vor Beginn der Umstellungsfrist nur in Papiermark, und zwar kann nicht nur eine vor dem 30. Dezember 1923 beschlossene Kapitalserhöhung noch durchgeführt werden (vgl. die Auslassungen des Reichsjustizministeriums in Bem. 2 zu § 17 a. E.), sondern es können auch solche Kapitalserhöhungen noch jederzeit beschlossen werden. Nur müssen sie, um eingetragen werden zu können, noch vor dem Beginn der Umstellungspflicht durchgeführt sein.

b) Kapitalserhöhungen einer nach dem 29. Dezember 1923 errichteten Gesellschaft:

1. Wenn die Gesellschaft richtigerweise bereits in Goldmark gegründet worden ist, selbstverständlich nur in GM.

2. Wenn die Gesellschaft — wie es infolge verspäteten Bekanntwerdens der VO. mehrfach vorgekommen ist — falscherweise sowohl in Papiermark gegründet als auch noch ins Handelsregister eingetragen wurde, so wird man die Gesellschaft logischerweise nur im Sinne der oben unter a 2 gemachten Ausführungen behandeln können. Man wird zu verlangen haben, daß die Gesellschaft auf ihren Entstehungszeitpunkt neben ihrer Papiermarkeröffnungsbilanz die verlangte Goldmarkeröffnungsbilanz aufstellt, daraufhin ihr Kapital auf GM. umstellt. Erst wenn das geschehen ist (natürlich auch damit in Verbindung), kann sie eine Kapitalserhöhung (nur in GM.) vornehmen.

Bem. 3. Für die GmbH. ist in § 18 nichts bestimmt. Es scheint mir jedoch nicht zweifelhaft, daß auch ohne besondere Vorschrift das vorstehend für die AG. und KAG. Ausgeführte auch für die GmbH. entsprechend anzuwenden ist.

§ 19.

(1) Die infolge der Aufstellung der Eröffnungsbilanz, insbesondere infolge der Umstellung sich ergebenden lediglich zahlenmäßigen Veränderungen in dem Vermögen der im § 1 bezeichneten Kaufleute sowie deren Gesellschafter gegenüber den für die Besteuerung maßgebenden Werten begründen für die Einkommensteuer, Körperschaftssteuer und Vermögenssteuer der vorangegangenen Steuerjahre keine Steuerpflicht. Die infolge der Umstellung sich ergebenden lediglich zahlenmäßigen Veränderungen in dem Vermögen der im § 5 bezeichneten Gesellschaften sowie deren Gesellschafter unterliegen keiner Kapitalverkehrsteuer.

(2) Wird im Falle des § 5 Abs. 2 ein Kapitalentwertungskonto in die Bilanz eingestellt, so dürfen die zu seiner Tilgung verwendeten Beträge vom steuerbaren Einkommen nicht abgezogen werden; § 7 Nr. 3 des Körperschaftssteuergesetzes findet insoweit keine Anwendung.

(3) Wird im Falle des im § 5 Abs. 2 das Vermögen durch neue Einlagen bis zur Höhe des Eigenkapitals vermehrt, so findet auf die zur Vermehrung bewirkten Zahlungen und Leistungen die Vergünstigung des § 13 zu b des Kapitalverkehrsteuergesetzes keine Anwendung; das gleiche gilt für Zahlungen und Leistungen, die zur Tilgung des Kapitalentwertungskontos bewirkt werden.

(4) Der Erwerb der im § 12 bezeichneten Genußscheine durch den ersten Erwerber ist von der Gesellschaftssteuer des Kapitalverkehrsteuergesetzes befreit.

Bem. 1. Allgemeines. § 19 behandelt eine Reihe von steuerlichen Fragen, die sich gelegentlich der Umstellung ergeben. Was er an steuerlichen Erleichterungen des Umstellungsherganges bietet, ist denkbarst wenig. Aber da sich das Umstellungsproblem ja über einen ziemlich langen Zeitraum erstrecken wird, so ist zu erwarten, daß auch die steuerliche Seite der Umstellung in diesem § 19 noch nicht ihre endgültige Regelung gefunden hat.

Bem. 2. Im einzelnen trifft § 19 folgende Bestimmungen:

Abs. 1 Satz 1. Die infolge der Aufstellung der Goldmarkeröffnungsbilanz, insbesondere infolge der Umstellung sich ergebenden lediglich zahlenmäßigen Veränderungen in dem Vermögen gegenüber den für die Besteuerung maßgebenden Werten begründen für die Einkommensteuer, Körperschaftssteuer und Vermögenssteuer der vorangegangenen Jahre keine Steuerpflicht. Diese Feststellung ist zunächst einmal hinsichtlich der Vermögensteuer überflüssig insofern, als die Vermögensteuer ohnedies das erstemal für das Umstellungsjahr 1924 veranlagt wird, eine Vermögensteuerpflicht vorangegangener Jahre also überhaupt nicht in Frage käme. Was aber die Einkommen- und Körperschaftssteuer anlangt, so ist nicht recht einzusehen, wie hier durch die Reduzierung der Papiermarkzahlen auf Goldmark für die vergangenen Jahre jene Steuerpflicht entstehen sollte, von der hier befreit wird. — Viel wichtiger und richtiger wäre es gewesen, wenn die Verordnung — was sie aber leider nicht getan hat und was hoffentlich noch irgendwie nachgeholt wird — ausgesprochen hätte, daß Nachholungen nach § 212 Abs. 2 AO. gelegentlich der Umstellung nicht erfolgen dürfen. Diese Bestimmung sieht nämlich Steuernachholungen auch nach Rechtskraft des Steuerbescheides vor, wenn „neue Tatsachen und Beweismittel bekannt werden", die eine höhere Veranlagung für vergangene Jahre rechtfertigen. Wenn die Kaufleute und Gesellschaften gelegentlich dieser Goldmark-Inventarisierung zu all den heutigen enormen Steuerlasten auch noch damit rechnen müssen, daß diese Inventare steuerlich daraufhin durchsucht werden, inwieweit etwa z. B. jetzt Gegenstände erscheinen, die in den Inflationsjahren zur Herabminderung der Scheingewinne über Betrieb angeschafft wurden, dann ist zu befürchten, daß einer richtigen Inventarisierung ganz unsachgemäße Hemmungen entstehen. Und da eine wirklich allgemeine Durchprüfung der Inventare und Bilanzen rein technisch ja doch unmöglich ist, sollte sich das Reichsfinanzministerium baldigst zu dem Entschluß durchringen, ganz allgemein derartige Nachholungen gelegentlich der Umstellung (abgesehen vielleicht von Fällen strafbarer Steuerhinterziehung) zu verbieten.

Abs. 1 Satz 2. Die infolge der Umstellung sich ergebenden lediglich zahlenmäßigen Veränderungen in dem Vermögen der im § 5 bezeichneten Gesellschaften sowie deren Gesellschafter unterliegen keiner Kapitalverkehrssteuer. Hier handelt es sich gemäß § 5 Abs. 1 um die Reservierung des Reinvermögensüberschusses über die Eigenkapitalsziffer oder die einzahlungsfreie Erhöhung des Eigenkapitals durch Ausgabe von Umstellungs-Gratisaktien bzw. -Geschäftsanteilen oder die unentgeltliche Erhöhung des Nennbetrages der bisherigen Gesellschaftsanteile. Daß hier nur die Freiheit von der Kapitalverkehrssteuer (Gesellschaftssteuer) konzediert wurde, ist vollkommen unzureichend. Denn nach der Rechtsprechung des Reichsfinanzhofs ist die Ausgabe von Gratisgesellschaftsanteilen bekanntlich eine Gewinnausschüttung. Es ist also, wenn nicht noch anderes bestimmt wird, damit zu rechnen, daß solche Transaktionen, trotzdem es sich dabei, wie die Verordnung selbst zugeben muß, lediglich um zahlenmäßige Veränderungen handelt, bei Gesellschaft und Gesellschaftern als Gewinnausschüttung und Einkommen mit Körperschaftssteuer, Kapitalertragssteuer und Einkommensteuer belegt werden, ein durchaus sinnwidriger Zustand, dem unbedingt abgeholfen werden muß. — Machen die Gesellschafter neue Einlagen gemäß § 5 Abs. 2 VO., so handelt es sich dabei nicht mehr um „lediglich zahlenmäßige Veränderungen“ im Vermögen, sodaß hiefür die Gesellschaftssteuer von 7,5 % zu bezahlen ist (vgl. unten zu Abs. 3).

Abs. 2. Die zur Tilgung des Kapitalentwertungskontos verwendeten Beträge dürfen vom steuerbaren Einkommen der Gesellschaft nicht abgezogen werden. Das ist logisch darin begründet, daß die Tilgung des Kontos den Charakter reiner Vermögensansammlung hat, wie sie beim Fehlen eines solchen Kontos selbstverständlich auch immer steuerpflichtig ist. — Selbstverständlich handelt es sich hier aber nur um die aus dem an sich schon steuerbaren Einkommen entnommenen Beträge; dagegen will Halbsatz 1 nicht besagen, daß die Verwendung eines an sich nicht zum steuerbaren Einkommen gehörenden Betrages (z. B. des Kapitalerhöhungsagios) zur Tilgung des Kapitalentwertungskontos den Betrag zu steuerbarem Einkommen mache. Nur wenn ein Betrag an sich schon zum steuerbaren Einkommen gehört, dann soll er nicht dadurch Steuerfreiheit erlangen, daß er zur Tilgung dieses Kontos verwendet wird. Vgl. übrigens auch Bem. 6 zu § 6. — Daß auch noch die Anwendung des § 7 Ziff. 3 des Körperschaftssteuergesetzes ausdrücklich ausgeschlossen wird, dient nur der Klarstellung.

Ob im Falle einer in der Eröffnungsbilanz erfolgten Aufwertung von Anlagegegenständen über ihren Anschaffungspreis hinaus (Bem. 2 zu §§ 3, 4) die auf diesen Mehrwert künftig entfallenden Abnutzungsabschreibungen steuerlich als gewinnmindernd anzuerkennen sind, ist zweifelhaft. Die VO. sagt nichts darüber.

Abs. 3. Die nach § 5 Abs. 2 zum ganzen oder teilweisen Ausgleich der Differenz zwischen dem kleineren Goldmarkreinvermögen und der größeren Eigenkapitalsziffer eingeforderten neuen Einlagen genießen nicht die Vergünstigung des § 13 Buchst. b des Kapitalverkehrssteuergesetzes (wonach sich die Gesellschaftssteuer von 7,5 % auf 3 % ermäßigt bei Zahlungen und Leistungen an inländische Kapitalgesellschaften, die zur Deckung einer Überschuldung oder eines Verlustes am Grundkapital einer Aktiengesellschaft oder Kommanditgesellschaft auf Aktien oder am Stammkapital einer GmbH. erforderlich sind). Das gleiche gilt für Zahlungen und Leistungen, die zur Tilgung des Kapitalentwertungskontos bewirkt werden. Auch diese Regelung ist logisch begründet, soweit es sich um verwässerte Kapitalien handelt. Denn hier wird ja durch die Gegenüberstellung der aus verschiedenster Papiermark zusammengesetzten Eigenkapitalsziffer mit dem Goldmarkreinvermögen eine in sich eigentlich ganz unlogische Unterbilanz lediglich konstruiert. Die Gesellschaften mit verwässertem Kapital haben ja doch den durch die Eigenkapitalsziffer ausgedrückten Markbetrag niemals in Goldmark erhalten und es besagt die Differenz zwischen den beiden Zahlen nicht das mindeste dafür, wie die Gesellschaft das ihr von den Gesellschaftern anvertraute Kapital verwaltet hat. Wenn eine Gesellschaft im Frühjahr 1923 von den Gesellschaftern mit (umgerechnet) 20000 Goldmark errichtet worden ist und sie besitzt jetzt laut Goldmarkeröffnungsbilanz 50000 GM., so hat sie zweifellos ausgezeichnet gearbeitet, ob das Eigenkapital nun mit 100000 M. oder mit 100000000 M. festgesetzt wurde (es war ja lediglich Konstruktionssache, ob man die Markziffer des Kapitals oder des Ausgabeagios größer wählte). In beiden Fällen aber wird die Goldmarkeröffnungsbilanz eine Unterbilanz ergeben, die im Umstellungswege zu beseitigen ist. Daß hiefür nicht die gleichen Vergünstigungen wie für Zahlungen zur Beseitigung effektiv erlittener Verluste gewährt werden, ist also wohl verständlich. — Falsch aber ist es, hier keine Ausnahme für jene Gesellschaften zu machen, bei denen die Differenz zwischen Goldmarkreinvermögen und Eigenkapitalsziffer nicht auf Kapitalsverwässerung, sondern auf Substanzverlust zurückzuführen ist bzw. soweit die Differenz auf Substanzverlust zurückzuführen ist. Z. B. eine im Frieden mit 1000000 M. Kapital gegründete Terraingesellschaft hat ihr Kapital seither nicht erhöht, also nicht verwässert, hat aber infolge schlechten Geschäftsganges ihre Substanz anbrauchen müssen, so daß sie in der Goldmarkeröffnungsbilanz nur ein Reinvermögen von 700000 GM. ausweisen kann, während die Eigenkapitalsziffer noch 1000000 beträgt. Auch diese Gesellschaft muß sich nach der VO. umstellen, trotzdem hier eine von der normalen Umstellung vollständig verschiedene Situation vorliegt. Beschließt diese Gesellschaft, die Differenz von 300000 GM. ganz oder teilweise durch Zuzahlungen der Gesellschafter zu beseitigen, so ist unbedingt zu verlangen, daß hier die Ermäßigung des Steuersatzes in § 13 Buchst. b des Kapitalverkehrssteuergesetzes angewendet wird.

Abs. 4. Der Erwerb der im § 12 VO. bezeichneten Genußscheine durch den ersten Erwerber ist von der Gesellschaftssteuer des Kapitalverkehrssteuergesetzes befreit. Normalerweise unterliegt die Ausgabe von Genußscheinen der 7,5%igen Gesellschaftssteuer wie eine Aktienausgabe.

§ 20.

Die Reichsregierung wird ermächtigt, die zur Durchführung dieser Verordnung erforderlichen Rechtsverordnungen und allgemeinen Verwaltungsvorschriften zu erlassen; sie kann Ausnahmen von den Bestimmungen der Verordnung zulassen und, soweit es sich als notwendig erweisen sollte, für besondere Fälle allgemeine Anordnungen ergänzenden oder abweichenden Inhalts treffen sowie auf der Grundlage der für Aktiengesellschaften, Kommanditgesellschaften auf Aktien und Gesellschaften mit beschränkter Haftung geltenden Bestimmungen die Bilanzierung, Umstellung und Neugründung anderer Arten von Unternehmungen in Goldmark regeln.

Bem. 1. Umfang der Ermächtigung durch § 20. Die in § 20 der Reichsregierung erteilte Ermächtigung erstreckt sich auf folgende einzelne Punkte:

a) Erlaß der zur Durchführung der VO. erforderlichen Rechtsverordnungen und allgemeinen Verwaltungsvorschriften. Diese Vorschriften müssen sich als Durchführungsbestimmungen naturgemäß an den durch die Bestimmungen der Verordnung gesteckten Rahmen halten. Insoweit entspricht die Ermächtigung durchaus dem üblichen.

b) Zulassung von Ausnahmen von den Bestimmungen der VO.

c) Für besondere Fälle Erlaß von allgemeinen Anordnungen, welche entweder die VO. ergänzen oder aber aber auch von ihr abweichen.

d) Regelung der Bilanzierung, Umstellung und Neugründung anderer Arten von Unternehmungen auf der Grundlage der für die Kapitalgesellschaften geltenden Bestimmungen.

Die unter b bis d genannten Teile der Ermächtigung gehen über das normale Maß einer zur Durchführung eines Gesetzes getroffenen Ermächtigung weit hinaus, zumal die unbestimmte Wortfassung so ziemlich alle und jede Verfügung der Reichsregierung auf diesem Gebiete deckt.

Zeitlich erlischt die Wirkung der Ermächtigung wie auch selbstverständlich der ganzen VO. nicht mit der für das Ermächtigungsgesetz geltenden Frist (15. Februar 1924, vgl. Bem. 1 zu den Eingangsworten der VO.).

Bem. 2. Bedeutung der Ermächtigung. Da die VO. selbst von der Reichsregierung erlassen ist, möchte die darin ausgesprochene Ermächtigung eben der gleichen Reichsregierung auf den ersten Blick zwecklos erscheinen. Denn wer zum Erlaß einer Verordnung zuständig ist, der braucht sich selbst zum Erlaß von Durchführungs- usw. bestimmungen und zur Wiederabänderung dieser Verordnung doch nicht zu ermächtigen. Aber der springende Punkt liegt hier natürlich darin, daß auf Grund des Ermächtigungsgesetzes (vgl. Bem. 1 zu den Eingangsworten des Gesetzes) die Reichsregierung vor Erlaß der Verordnung die Ausschüsse des Reichsrates und des Reichstages hören mußte, während sie sich durch den § 20 für die weiteren Schritte auf diesem Gebiete von dieser Fessel befreit hat (wobei dahingestellt sein mag, ob die genannten Ausschüsse mit ihrer ferneren Ausschaltung einverstanden waren, da sie ja auf jeden Fall nur „in vertraulicher Beratung gehört" zu werden brauchten). Es erscheint mir aber durchaus zweifelhaft, ob die Ermächtigung insoweit rechtsgültig ist, als sie auch für ihre über die bloße Ausführung der vorliegenden Verordnung auf diesem Gebiete hinausgehenden Schritte die Ausschüsse des Reichsrates und Reichstages auszuschalten sucht. Das war nicht der Sinn des Ermächtigungsgesetzes und es wäre kurios, wenn man die Bedeutung eines solchen an sich schon sehr weitgehenden Gesetzes durch einen solchen „Kunstgriff" beliebig sollte erweitern können.

Berlin, den 28. Dezember 1923.

Der Reichskanzler

Marx

Der Reichsminister der Justiz

Emminger

1 Goldmark betrug in Papiermark:

Jahr		Januar	Februar	März	April	Mai	Juni
1914	Am Monatsbeginn	.	.	.	.	.	.
1915		1.09	.	.	.	.	.
1916		1.29	.	.	.	.	.
1917		1.31	.	.	.	.	.
1918		1.21	.	.	.	.	.
1919		1.90	.	.	.	.	.
1920		11.85	21.66	23.81	15.95	13.57	9.34
1921	Im Monatsdurchschnitt	15.58	14.60	14.45	15.15	14.74	16.34
1922		45 65	49.48	67.65	69.24	69.09	75.51
1923		4270	6209	5027	5808	11353	26‘055

Jahr		Juli	August	September	Oktober	November	Dezember
1914	Am Monatsbeginn	0.99	.	.	.	.	.
1915		1.17	.	.	.	.	.
1916		1.23	.	.	.	.	.
1917		1.66	.	.	.	.	.
1918		1.35	.	.	.	.	.
1919		4.46	4,15	5.04	5.67	7.40	10.05
1920		9.02	10.07	11.83	14.67	18.44	16.50
1921	Im Monatsdurchschnitt	18.24	20.09	24.97	35.77	62.55	45.70
1922		117.44	270.03	349.76	757.38	1 690.54	1807.33
1923		82 848	1‘095 865	24‘716 540	5“747 271 847	539“307 692 307	964“250 000 000

Sachregister.

(Die Zahlen bedeuten die Seiten.)

FSC
www.fsc.org
MIX
Papier | Fördert gute Waldnutzung
FSC® C083411

Kolibri 360 GmbH
Ferdinand-Jühlke-Straße 7
99095 Erfurt, Deutschland
produktsicherheit@kolibri360.de